KB179024

가다머가 들려주는
선입견 이야기

가다머가 들려주는
선입견 이야기

ⓒ 조극훈, 2006

초판 1쇄 발행일 2006년 9월 7일
초판 14쇄 발행일 2022년 4월 15일

지은이   조극훈
그림   김영미
펴낸이   정은영

펴낸곳   (주)자음과모음
출판등록   2001년 11월 28일 제2001-000259호
주소   10881 경기도 파주시 회동길 325-20
전화   편집부 (02)324-2347 경영지원부 (02)325-6047
팩스   편집부 (02)324-2348 경영지원부 (02)2648-1311
e-mail   jamoteen@jamobook.com

ISBN 978-89-544-1954-3 (64100)

가다머가 들려주는

선입견 이야기

조극훈 지음

ㅣ주ㅣ자음과모음

책머리에

  우리 주변에는 여성에 대한 편견, 장애인에 대한 편견, 왼손잡이에 대한 편견 등 여러 가지 편견이 있습니다. 이것은 나와 다른 사람들의 차이를 인정하지 않고 나를 중심으로만 생각하려는 태도 때문에 일어납니다. 이 책의 주인공인 예란이와 승준이도 처음에는 학생 회장 자리를 두고 서로에 대한 편견이 있었습니다. 그러나 대화하는 과정에서 서로를 이해하며 조금씩 편견을 고쳐 갑니다.

  철학자 가다머는 이러한 편견이 어떻게 발생하고 그것을 극복하기 위해서는 어떤 노력이 필요한지에 대해 연구했습니다.

  가다머(Hans-Georg Gadamer, 1900~2002)는 가장 영향력 있는 현대 철학자 가운데 한 사람으로서 철학적 해석학의 기초를 다진 사람으로 알려져 있습니다. 그는 항상 열린 마음과 개방적인 태도로 대화하는 것을 좋아하고 학생들의 견해를 존중하는 등 배움의 자세로 살았습니다. 뿐만 아니라 학생들의 질문에도 먼저 정답을 말해 주는 것이 아니라 '그건 내가 잘 모르는 것'이라고 하면서 학생들 스스로 생각할 수 있는 길을 열어 주었다고 합니다. 진리나 인식은 처음부터 확실한 방법이나 답이 있는 것이 아니라 끊임없이 묻고 대답하며 그 의미를 해석하는 과정에서 드러나는 것이기 때문입니다.

가다머는 1900년 독일의 마르부르크에서 화학 교수의 아들로 태어났고, 100년이 넘는 삶을 살다가 2002년 3월에 세상을 떠났습니다. 햇수로 102년을 산 셈이죠. 때문에 많은 사람들이 그의 장수 비결을 궁금해했습니다.

그는 젊어서 병을 앓은 이후에 건강에 대해 관심을 갖기 시작했다고 합니다. 또 평소에 화학조미료가 든 음식은 거의 먹지 않았는데, 화학조미료는 맛을 내는 데는 도움이 되지만 건강에는 해롭기 때문입니다. 그는 《철학자 가다머, 현대의학을 말하다》라는 책에서 건강의 수수께끼는 조화로움에 있다고 말했습니다. 때문에 우리 몸의 조화를 깨뜨리는 가공식품이나 인스턴트식품은 되도록 많이 먹지 않는 것이 좋습니다. 그리고 매일 40분 이상 자전거를 탔다고 하는데, 이러한 점은 비만이 많은 우리 친구들을 볼 때 참고해 볼 만한 점입니다.

그럼 100년이 넘는 세월 동안 그는 무엇을 하면서 살았을까요?

그는 어렸을 때부터 예술, 역사, 문학, 철학 등 여러 분야에 관심이 많았습니다. 학문을 하시는 아버지의 영향으로 책도 많이 읽었죠. 그는 마르부르크 대학에서 1922년에 고대 철학에 대한 연구인 〈플라톤의 대화편에 나타난 쾌락의 본질〉로 철학 박사 학위를 취득했습니다. 고대 철학은 어려운 문헌 연구라 성실한 자세가 아니면 연구하기 힘든 분야이기 때문에 가다머의 논문은 최우수(summa cum laude) 점수를 받았습니다. 특히 이 시절 그는 하이데거(M. Heidegger)와 교류하고 그의 철학 연구 방법에 크게 영향을 받기도 했습니다.

1929년 가다머는 하이데거의 지도 아래 교수 자격 논문 〈플라톤의 변증법적 윤리학〉을 제출하고, 1938년 라이프치히 대학, 1947년 프랑크푸르트 대학, 1949년 하이델베르크 대학에서 교수로 지냈습니다.

1948년에 집필을 시작하여 1960년에 출판한 《진리와 방법》은 가다머를 현대 철학의 스타로 만들었습니다. 이 책은 '철학적 해석학'의 기반을 닦는 데 기여한 것으로 평가받고 있습니다.

가다머는 1968년 대학에서 은퇴한 후에도 미국의 대학 등, 여러 곳에서 강의 활동과 다양한 분야의 저술 활동을 계속하였습니다. 그의 저술로는 《진리와 방법》이외에 《대화의 변증법》, 《과학 시대의 이성》, 《철학자 가다머, 현대의학을 말하다》 등이 있습니다.

가다머의 철학은 진리를 이해하고 선입견을 옹호하는 데 모아집니다. 하지만 지금까지 철학에서는 선입견을 비합리적인 것으로 간주하고 배척하였습니다. 이성은 합리적이고 선입견은 비합리적인 것이라는 거죠. 문화나 역사, 자라 온 환경에 따라 사람들은 생각이나 견해가 서로 다르고 아무래도 자신이 자라 온 환경에서 크게 벗어날 수 없습니다. 그래서 개인들의 이러한 차이를 넘어서서 객관주의적 관점에서 진리를 추구해야 한다는 것이 근대 철학의 계몽주의나 실증주의의 입장이었습니다.

그러나 가다머는 이러한 객관주의 관점을 비판하면서 개인의 선입견이 오히려 진리를 이해하는 데 중요한 역할을 한다고 보았습니다. 전통과 인습이 다르듯이 선입견에도 좋은 선입견과 나쁜 선입견이 있다는 것입니다. 이 같은 내용은 이 책의 제2편에서 다루고 있습니다. 서로 다른 의견을 가지고 있는 친구들끼리 대화나 토론을 하면서 자신의 견해를 수정해 나가고, 그 결과 '의견 일치'에 도달함으로써 주제에 대한 합의에 이르게 됩니다.

가다머는 누구나 선입견을 가지고 있다고 말합니다. 중요한 것은 선입견을 바탕으로 자신의 의견을 표현하고, 대화와 토론을 통해 자신의 의견을 꾸준히 수정함으로써 다른 사람과 의견 일치를 보는 것입니다. 가다머는 이러한 의견 일치를 '지평 융합'이라는 말로 표현하고 있습니다. 서로 다른 두 문화, 두 시대, 두 사람이 한곳에서 만나게 되는 과정을 서술하는 말입니다. 가령 나와 생각이 다르다거나 피부색이 다르다는 이유로 남을 깔보는 것은 지평 융합이 되지 않았기 때문입니다. 반대로 이 책의 제3편에서 예란이와 승준이가 서로를 이해하고 공동 회장이 된 것은 지평 융합이 가능했기 때문입니다. 서로 만나 대화함으로써 서로의 차이를 인정하고 선입견을 수정해 나가면서 우리는 지평 융합에 도달할 수 있는 것입니다. 다시 말하면 서로 친구가 될 수 있는 것이라

할 수 있습니다.

그런데 지평 융합에 도달하기 위해서는 한 가지 중요한 점이 있습니다. 그것은 바로 자기 자신의 열린 마음과 비판적 이성이 필요하다는 점입니다. 열린 마음으로 자기 자신과 다른 사람, 그리고 세상을 바라보는 지혜가 필요합니다.

주인공 예란이와 승준이는 경쟁을 하는 사이이지만 서로를 이해하고 자신들의 나쁜 선입견을 고치려고 노력합니다. 이 책을 읽는 여러분도 예란이와 승준이처럼 열린 마음으로 학교생활을 하기 바랍니다.

끝으로 이 책이 나오기까지 애써 준 진숙현 씨를 비롯한 (주)자음과모음 관계자에게 감사의 마음을 전합니다. 그리고 원고를 읽고 같이 토론해 준 사랑하는 가족에게 고마움을 전합니다.

C O N T E N T S

프롤로그

○○년 ○월 ○일, 날씨: 맑았다 흐렸다 변덕(아! 내 마음 같다)

잔 다르크

성모 마리아

마더 테레사 수녀님

유관순

조수미

퀴리 부인

.

.

.

우리 엄마

더 꼽으라면 꼽을 수도 있다. 내가 아는 훌륭한 여자들만 해도 이렇게

나 많은데……. 그런데 왜! 사람들은 아직도 여자가 할 일과 남자가 할 일이 다르다고 생각하는 걸까? 정말 짜증난다.

한승준! 네가 공부를 나보다 잘하냐, 친구들한테 친절하길 하냐? 어딜 봐서 네가 학생 회장감이냐고! 운이 좋아서 회장 후보에까지 오른 거면서 뭐가 어쩌고 어째? 네가 학생 회장이 되면 내가 전학을 간다, 전학을!

아! 오늘은 진짜 인내심에 한계를 느낀다.

왜 엄마는 나를 여자로 낳은 걸까? 똑똑하지만 겸손하고, 예쁘지만 예쁜 척 안 하고, 모든 사람들에게 친절하기까지 한 내가 만약 여자가 아니고 남자였다면 할머니도 지금처럼 오빠만 예뻐하시지는 않았을 거고, 학생 회장 후보에 오르고도 이렇게 괴롭진 않았을 텐데…….

아, 내가 여자로 태어났다는 건 정말 국가적 손실이야!

한승준 이 자식, 어디 두고 봐. 네가 회장이 되도록 그냥 두진 않을 테니까. 그런데 어떻게 해야 하는 거지? 으악! 몰라, 몰라!

예란이는 일기를 다 쓴 후에 스탠드를 끄고 침대에 누웠습니다. 그래도 분한 마음이 가라앉지 않았는지 한참 동안 빠득빠득 이를 갈다가 겨우 잠이 듭니다. 오늘 일기 내용으로 봐서는 학교에서 굉장히 화가 나는 일이 있었나 봅니다.

똑똑하지만 겸손하고, 예쁘지만 예쁜 척 안 하고, 게다가 모든 사람들에게 친절하기까지 한 예란이에게 도대체 무슨 일이 있었던 걸까요?

편견은 싫어!

 모든 이해는 선입견에 의한 것이다.

−가다머

1 남자는 회장, 여자는 부회장?

"와, 축하해. 네가 될 줄 알았어."

"한턱 낼 거지? 난 너희 엄마가 만들어 주신 궁중떡볶이를 맛본 이후로 학교 앞에서 파는 분식 집 떡볶이는 먹을 수가 없다니까?"

"역시 조예란! 네가 우리 반의 희망이다!"

예란이는 쏟아지는 아이들의 축하 인사 속에 그저 빙그레 웃고 만 있습니다. 사실 속으로는 '당연하지. 내가 아니면 누가 할 수 있겠어?' 라는 생각도 있지만, 너무 띄워 주는 아이들 때문에 조금

쑥스럽기도 하고 이럴 땐 그저 겸손한 모습을 보여야겠다는 생각
도 들었습니다.

"야, 야, 거기 여자 후보! 여기 진짜 회장 후보님이 계시는데 너
무 기분 내는 거 아냐? 안 그러냐, 한승준? 너 회장 되면 진짜로
오락 시간을 대폭 늘려 줘야 해. 알았지?"

"걱정 마라, 친구들! 내가 회장이 되면 너희들의 앞날에 광명이
비칠 것이다! 음하하하!"

예란이네 반은 지금 여자 대 남자로 편이 갈려 교실 앞쪽에는 예
란이와 여자 아이들이, 교실 뒤쪽에는 승준이와 남자 아이들이 모
여 웅성웅성, 시끌벅적합니다.

"야, 강도영! 진짜 후보라니? 그럼 예란이는 가짜 후보냐? 저걸
그냥!"

"솔직히 여자 후보는 조예란 하난데, 여자는 당연히 부회장 되는
거 아니냐? 전통적으로 그래 왔잖아. 그러니까 승준이가 진짜 학
생 회장 후보지."

"맞아, 맞아!"

남자 아이들이 큰 소리로 맞장구를 칩니다.

"난 예란이가 회장이 돼도 괜찮을 것 같은데. 솔직히 조예란이

한승준보다 똑똑하고 예쁘고……."

눈치 없는 요한이가 예란이 편을 들고 나서자 남자 아이들의 주먹세례가 날아듭니다.

"아야! 우리나라는 민주주의 국가야! 나한테도 발언의 자유가 있다고! 아야!"

"야, 선생님 오신다!"

시장같이 시끌벅적하던 교실이 선생님의 등장으로 일순간 조용해집니다. 학교에서 유일한 총각 선생님이신 예란이네 반 담임선생님은 오늘 아침 조회 시간에 조금 늦으셨습니다.

"아, 미안, 미안. 시간 관계상 인사는 생략합시다. 강도영, 이놈아! 넌 또 왜 은희 옆에 가서 앉았냐? 다음에 짝꿍 바꿀 때 참고할 테니까 빨리 네 자리로 가서 앉아. 자! 그럼 오늘 아침 조회는……. 참, 그보다 먼저 기쁜 소식! 다들 이미 알고 있겠지만, 이번 학생 회장 선거에 후보가 발표되었는데 우리 반에선 예란이와 승준이, 이렇게 두 명이나 후보에 올랐습니다. 글쎄 뭐 학생 회장이라는 것이 전교생들 대표로 힘든 일을 도맡아 하는 자리니까 축하해야 할 일인지, 안됐다고 해야 할 일인지는 잘 모르겠지만……. 하하! 어쨌든 두 사람 모두 나와 보세요!"

담임선생님은 다 좋은데 가끔 저렇게 다른 길로 빠지시는 버릇이 있습니다. 그래도 학교에서 제일 인기 많은 선생님인 것만은 확실합니다. 예란이와 승준이가 자리에서 일어납니다.

"자, 우리 모두 학교를 잘 부탁한다는 의미에서 이 두 명의 후보에게 다 같이 박수!"

"와!"

아이들은 일제히 박수를 치고 환호성을 지릅니다. 사실 전체 회장 후보 네 명 중에서 두 명이나 한 반에서 나왔다는 건 선생님에게도, 아이들에게도 자랑스러운 일입니다.

"그럼 우리 후보님들의 간단한 소감 한마디씩 들어 볼까요? 먼저, 예란이부터 앞으로 나오세요."

드디어 예란이가 기다렸던 순간이 왔습니다. 아까 승준이와 남자 아이들이 깐죽거리며 바보 같은 소리를 할 때에도 이미지 관리 차원에서 꾹꾹 참아 왔던 말을 드디어 할 때가 온 것입니다. 예란이는 자리에서 일어나 교탁 앞으로 나가 섭니다.

"먼저, 많이 부족한 제가 학생 회장 후보가 되어서 기쁘기도 하고 걱정이 되기도 합니다. 하지만 만약 제가 회장이 된다면, 누구보다 우리 학교와 여러분을 위해서 정말 필요한 일이 무엇인지 고

민하고 건의해서, 꼭 지금보다 더 좋은 학교를 만들기 위해 노력하겠습니다. 감사합니다."

'역시, 나는 타고났어.'

예란이는 아이들, 특히 여자 아이들의 열렬한 박수와 환호를 받으며 자리로 돌아갑니다. 그리고 교탁 앞으로 나오는 승준이와 눈이 마주치자 살짝 눈을 흘깁니다. 역시나 승준이도 혀를 삐죽 내밀며 예란이를 놀립니다. 교탁 앞으로 나온 승준이가 두 손을 교탁 위에 짚고 짐짓 거만한 태도로 소감을 이야기합니다.

"사랑하는 6학년 3반 학우 여러분! 저는 긴 얘기 하지 않겠습니다. 제가 학생 회장이 된다면, 이 학교는 여러분의 것이 될 것입니다!"

"와!"

이번에는 남자 아이들이 질세라 소리를 지르고 박수를 칩니다. 예란이는 자기도 모르게 코웃음을 칩니다.

'무슨 독립운동하나? 너무 유치해.'

승준이가 들어가자 선생님께서 다시 교탁 앞에 서서 남자 아이들을 진정시킵니다.

"하하하, 한승준! 무슨 독립운동하냐, 이 녀석아! 학교가 지금도 너희들 거지, 그럼 선생님 거냐? 한승준이 후보가 된 데에 무슨 비리가 있었던 거 아닌지 조사해 볼 필요가 있겠는데? 하하하!"

"맞아요!"

여자 아이들 몇 명이 소리를 높이자, 남자 아이들도 야유를 보내며 교실이 다시 시끄러워집니다.

"자, 자, 모두들 조용히 합시다. 어쨌거나 여러분도 알다시피, 네 명의 후보들 중에서 최종적으로 학생 회장 한 명과 부회장 한 명이 선출될 것이고, 선생님들과 학생회 임원들이 회의를 거쳐 투표를 한 뒤에 그 결과를 발표할 것입니다. 우리 예란이와 승준이 중에 누가 회장, 부회장이 될지, 아니면 둘 다 되지 않을지는 아직 알 수 없지만, 두 사람 모두 우리 반에서는 없어서는 안 될 중요한 사람들이라는 걸 잊지 마세요. 자, 그럼 이것으로 조회 끝! 참, 오늘 1교시 체육은 비가 오는 관계로 실내 수업입니다. 이상!"

조회가 끝나고 선생님께서 나가시자 아이들은 다시 예란이파와 승준이파로 편이 갈려 모입니다.

"아무튼 한승준, 허풍 떠는 데는 뭐 있다니까? 그것도 공약이라고."

예란이의 전폭적인 지지자 효영이가 다시 공격을 시작하고, 웅성웅성 여자 아이들이 맞장구를 칩니다.

"그래도 승준이가 통솔력도 있고 지금 우리 반 반장이기도 하니까, 승준이가 회장이 되고 부반장인 예란이가 부회장이 되면 서로서로 좋은 거 아니야?"

눈치 없기로는 요한이 못지않은 정은이가 무심코 뱉은 말에 예란이가 얼굴을 찡그립니다.

"야, 송정은! 지금 반장, 부반장 얘기가 여기서 왜 나오냐? 반장 했던 사람이 회장 되고, 부반장 했던 사람이 부회장 되란 법 있냐?"

효영이가 흥분해서 따지자 정은이는 입을 한번 삐죽 내밀고는 누가 되든 관심 없다는 듯 팔짱을 낍니다.

"그렇지! 송정은, 말 한번 잘했네. 예란이 너는 그냥 우리 반 부반장에 만족해라. 학생 회장은 그냥 반장이나 부반장하고는 차원이 달라. 연약한 여자가 할 수 있는 일이 아니라고. 나처럼 힘 있는 남자가 통솔력 있게……"

"야, 한승준!"

드디어 참고 있던 예란이가 폭발했습니다. 예란이는 자리에서 벌떡 일어나 남자 아이들에게로 성큼성큼 걸어갑니다. 다른 건 몰라도 반장, 부반장 얘기를 꺼낸 것이 예란이를 제대로 화나게 만든 모양입니다. 예란이가 바싹 다가서자 승준이도 살짝 놀랐는지 주춤하며 뒤로 물러섭니다. 허리에 양손을 짚고 승준이를 한참 노려보던 예란이가 입을 엽니다.

"이 독립운동가야! 네가 반장이 되고 내가 부반장이 된 게 네가 나보다 잘나서였다고 생각하니? 우리 반 37명 중에 남자가 22명이고 여자가 15명이야. 너처럼 남자만 찾는 남자 애들하고, 정은이처럼 생각 없는 여자 애들이 널 찍어서 반장이 된 것뿐이라고. 똑똑히 알아 둬, 한승준! 반장 선거 때는 억울하게 졌지만, 학생회장 선거에서는 절대로 안 질 테니까 까불지 마!"

예란이는 말을 마친 후에도 분이 안 풀렸는지 한참을 승준이를 노려보다 자리로 돌아갑니다. 요한이가 기다렸다는 듯이 예란이의 뒤통수에 대고 소리칩니다.

"역시, 예란이 카리스마는……. 아야! 야, 우리나라는 민주주의 국가라니까! 솔직히 실력을 보나 미모를 보나 예란이가 승준이보다 낫지 뭘 그러냐, 자식들아! 조예란! 참고로 난 반장 선거 때 너 찍었다! 이번에도 내가 학생회 임원이었으면 널 찍을 텐데. 아야! 이것들이!"

2 여자 대 남자

"남자 애들은 아무튼 단세포야! 어쩌면 그렇게 생각하는 게 하나같이 유치하니? 아휴, 매워! 물!"

효영이가 빨간 떡볶이를 입 안에 쏘옥 넣고 말하다가 불이 난 듯 혀를 날름대며 물을 찾습니다.

예란이, 효영이, 미동이는 학교가 끝나고 '황제분식'에 모여 앉아 있습니다.

"천천히 먹어, 천천히. 여기 물 좀 마시고…… 남자 애들이 단세

포이긴 하지만, 그래도 남자랑 여자랑 조화를 이루며 살라고 하느님께서 남자를 만들고 나서 남자의 갈비뼈로 여자를 만드신 거야. 서로 돕고 살라고 말이야. 그러니까……."

"야! 알았어, 알았어. 남자 갈비뼈로 여자를 만들든 갈비찜을 만들든! 암튼 미동이 너는 누가 도덕 선생 아니랄까 봐!"

얌전하게 할 말을 다 하는 미동이가 효영이에게 물을 건네며 일장 설교를 시작하려 하자, 효영이가 이를 제지하며 핀잔을 줍니다.

"왜 우린 여자로 태어났을까? 미동이 말대로 세상에 남자만 있으면 안 되니까 여자도 있는 걸 텐데, 왜 남자들은 자기만 잘난 줄 아는 걸까? 세상에 훌륭한 여자들이 얼마나 많은데. 우리 여자들도 남자 없이 얼마든지 잘할 수 있다, 이거야! 안 그래?"

예란이가 갑자기 떡볶이를 먹던 포크를 오른손에 꼭 쥐고 테이블을 탕 칩니다.

"예란아, 진정해, 진정. 네 말이 다 맞아. 그렇지만 그 훌륭한 여자들도 혼자만 잘나서 훌륭해진 건 아니잖아. 우리 반 남자 애들도 그래. 물론 너무 까불고 장난이 심한 아이들도 있긴 하지만, 다른 반 남자 아이들이 우리 반 여자 애들을 괴롭히기라도 하면 나서서 대신 싸워 주기도 하고 그러잖아. 다 조화롭게 살라고 하느님이 만드신 거라니까?"

역시나 미동이는 얌전히 어묵 국물을 홀짝이며 남자와 여자의 조화를 주장합니다.

"그러니까 조화도 좋고 다 좋다, 이거야. 그런데 왜 엄마는 나랑 남동생이랑 같이 놀고 있어도 항상 나한테만 설거지와 청소를 시키는 거냐고! 어려서부터 부모님들이 이런 식으로 남자, 여자를 구분 지으니까 남자들이 집안일은 당연히 여자가 하는 거라는 편견을 갖게 되는 거라고."

"효영이 말이 맞아. 우리 엄마도 아빠랑 똑같이 회사를 다녀서 피곤할 텐데도 집안일까지 같이 하시거든. 아빠가 아무리 엄마를 도와준다고 해도, 엄마가 하는 일을 모두 돕는 건 아니니까."

효영이의 말에 예란이가 맞장구를 치며 다시 소리를 높입니다.

어느새 황제분식은 귀가 멍멍할 정도로 왁자지껄 떠드는 아이들 목소리로 가득합니다. 학교가 끝나면 마치 참새가 방앗간에 들르듯이 으뜸초등학교 참새 떼들이 약속이나 한 듯 황제분식으로 우르르 몰려듭니다. 인상 좋은 아줌마와 아저씨가 함께 만드는 떡볶이, 순대, 어묵, 꼬마김밥, 튀김……. 그 맛을 모르면 으뜸초등학교 학생이 아닙니다. 물론 예란이네 엄마가 직접 만들어 주시는 궁중떡볶이 맛보다는 못하겠지만요.

"어쨌든, 이번 학생 회장 선거에서만큼은 여자의 파워를 보여 주자고. 조예란, 할 수 있지?"

효영이가 자못 심각한 표정으로 말하며 예란이의 어깨를 툭 칩니다. 예란이도 빠드득 이를 갈며 말합니다.

"당연하지! 한승준, 어디 두고 보자. 내가 너만은 반드시 이겨 줄 테니까!"

"자, 칼을 높이 들어라!"

효영이가 포크를 든 손을 높이 쳐들자 미동이가 한 손으로 입을 가리고 까르르 웃으며 마지못해 포크를 듭니다. 예란이도 웃으며 포크를 듭니다.

"조예란의 학생 회장 탈환을 위하여! 아자!"

"아자!"

"아자!"

아이들의 결의에 찬 외침이 황제분식 안을 가득 메웁니다.

"어, 너희들 여기 있었냐?"

황제분식 문 입구에 쳐진 발을 젖히며 요한이와 도영이, 승준이가 들어옵니다. 여기저기 두리번거리다 자리가 없어 나가려던 참에 예란이의 뒷모습을 발견하고는 반갑게 요한이가 다가와 말을 겁니다.

"이야, 여기 같이 앉아도 되지? 이 정도 먹고 배부르겠어, 한창 자라나는 어린이들이?"

요한이가 능글맞게 웃으며 효영이 앞에 있는 순대를 손으로 집어 듭니다.

"아야!"

효영이가 재빠르게 포크로 요한이 손에 들린 순대를 뺏어 오려다가 그만 요한이의 손등을 찍고 맙니다.

"야, 그러게 누가 먹으래? 그리고 살짝 스친 거 가지고 엄살은."

효영이가 핀잔을 주며 태연하게 요한이가 놓친 순대를 집어 입 안에 넣습니다. 요한이는 쩝쩝 입맛을 다시며 효영이 입 안으로 들어가는 순대를 아쉽게 바라봅니다.

"같이 앉아서 먹어도 되지?"

"아니!"

"그래."

예란이와 미동이가 동시에 대답합니다. 미동이는 동그란 눈을 하고 예란이를 바라봅니다.

"우린 다 먹었어. 이제 가려던 참이야. 앉아서 먹든지 말든지. 가자, 애들아."

"예란아, 아직 다 안 먹⋯⋯."

예란이의 심상치 않은 눈빛을 본 미동이는 말을 하다 말고 남은 떡볶이와 순대를 한번 아쉬운 표정으로 바라보곤 자리에서 일어섭니다. 예란이는 승준이를 흘끗 보고는 계산을 하고 밖으로 나가고, 미동이와 효영이도 예란이의 뒤를 따라나섭니다.

"많이들 먹은 거 같으니까 집에 가서 꼭 운동해라! 히히!"

도영이의 목소리를 뒤로하고 예란이는 씩씩거리며 걸어갑니다. 승준이와 밖에서까지 마주친 것만으로도 다시 기분이 나빠집니다.

'에잇, 어디 두고 보자!'

3 대화가 필요해

친구들과 헤어져 집으로 돌아와서도 예란이는 좀처럼 화를 삭일 수가 없습니다. 도대체 어쩌자고 반장 선거에 이어 학생 회장 선거에서까지 한승준과 붙게 되었는지, 정말 짜증이 하늘을 찌를 듯이 솟아납니다. 아니, 그것보다 더 짜증이 나는 것은, 한승준보다 부족한 것도 없는데 단지 여자라는 이유만으로 부반장이 된 것도 억울한데 또다시 그런 일이 생길지도 모른다는 것입니다.

'이럴 때 오빠라도 있으면 좋잖아. 친구들한텐 한승준 욕을 실컷

하고 싶어도 같은 후보끼리 헐뜯는 것 같아 싫고.'

  예란이의 오빠는 대학을 졸업하고 전공이었던 철학을 더 공부하기 위해 독일에 가 있습니다. 오빠와 예란이는 나이 차이가 많이 나서 여태껏 다투는 일 없이 잘 지냈습니다. 예란이가 궁금해하거나 어려운 것이 있으면 오빠가 다 해결해 주었고, 또래 아이들이 모르는 어려운 얘기들도 오빠한테 많이 들어서 예란이는 친구들 앞에서 은근히 아는 체도 할 수 있어 좋았습니다. 그런데 오빠가 없으니 이렇게 답답한 일이 생겨도 해결해 줄 사람이 없습니다. 엄마, 아빠가 모두 직장 생활을 하시기 때문에 예란이는 어려서부터 오빠가 챙겨 주는 게 버릇이 되어 버렸습니다.

  '혹시 오빠한테 메일이라도 온 게 있나 좀 봐야겠다.'

  예란이는 오빠 방으로 가서 컴퓨터를 켜고 메일을 확인합니다.

  새로운 편지가 없습니다.

  실망스럽게도 예란이의 편지함은 비어 있었습니다. 예란이는 한숨을 쉬고는 오빠에게 편지를 씁니다.

받는 사람: philosopher@yahoo.co.kr

제목: 오빠!

익태 오빠!

나야, 예란이. 오빠는 독일이 그렇게 좋아? 쳇, 처음에는 메일도 자주 보내고 전화도 자주 하고 그러더니 요즘에는 통 연락도 없고. 나는 매일 오빠 올 날만 손꼽아 기다리고 있는데……. 오빠 정말 나빴어. 나 오늘 너무 화나는 일이 있었단 말이야.

예란이는 타닥타닥 자판을 두드리며 신나게 오늘 있었던 일을 오빠에게 알립니다. 오빠에게 메일을 쓰고 나니 그래도 기분이 좀 풀리는 것 같습니다. 메일을 보내고 나서 좋아하는 가수의 팬 사이트에 잠시 들어갔다가 컴퓨터를 막 끄려고 하는데,

"엇, 오빠다!"

메신저 상의 오빠의 아이디가 온라인 표시로 바뀝니다. 예란이는 너무 기쁘고 놀라서 소리를 지릅니다.

멋진오빠 예란이 게임하는구나?

계란아냐! 오빠…….

멋진오빠 숙제는 했고?

계란아냐! 오빠는 무슨, 내가 어린애인 줄 아나 봐. 나도 내년이면 중학생이야! 그나저나 오빠 너무해. 연락도 없고.

멋진오빠 미안, 오빠가 시험 기간이라 많이 바빴어. 참, 예란이 학생 회장 후보 된 거 축하한다!

계란아냐! 메일 읽었구나? 그런데 한승준 때문에 정말 짜증나. 바보 같은 정은이도, 남자 애들도 모두 다! 어쩌다 그런 애랑 같이 후보가 됐는지…….

멋진오빠 예란이 너, 승준이나 몇몇 친구들이 한 얘기가 다 틀린 얘기라고 생각돼서 화가 났나 보구나. 그런데 그 친구들이 왜 그런 생각을 갖게 되었는지에 대해서는 생각해 봤니?

계란아냐! ……삐죽!

멋진오빠 하하! 우리 예란이가 단단히 화가 난 모양이구나. 하지만 예란아, 친구들의 생각이 너와 다르다고 해서 네 말만 옳다고 주장하는 건 바람직한 태도가 아닌 것 같은데? 네 생각에 틀린 점이 있을 수도 있고, 친구들 생각에 옳은 점이 있을 수도 있는 거잖아. 그래서 대화라는 것이 필요한 거고. 서로 다른 생각을 갖고 있다고 해서 무조건 무시할 것이 아니라, 상대방의 생각을 해석하고 이해하려는 노력이 필요한 거지. 이렇게 서로 다른 생각들이 모여 그 차이를 좁혀 나가는 것이 대화의 목표인 거고. 예란이 아직도 삐짐?

계란아냐! 뭐, 오빠 말이 틀렸다는 건 아니야. 하지만 아무리 대화를 해도, 누가 옳고 그른지를 어떻게 알겠어? 어차피 모두 자기 말만 옳다고 할 텐데. 수학 문제처럼 정답이 있는 것도 아니잖아.

멋진오빠 이야, 우리 예란이…… 오빠처럼 철학 공부하고 싶다고

해석?⋯⋯ I am a girl⋯⋯

하더니 꼬마 철학자 같은 소리를 하네. 하하!

계란아냐! 꼬마 아님!

멋진오빠 하하, 그래. 미안. 예란이가 이렇게 깊이 있게
들어가니 오빠가 가다머라는 철학자 이야기를
안 해 줄 수가 없네.

계란아냐! 누구? 가다머? 그런 이름은 처음 듣는데. 니
체, 소크라테스, 플라톤은 알지만 가다머는 처
음이야.

멋진오빠 그럴 거야. 가다머는 지금 오빠가 있는 나라인
독일 사람이거든. 그는 1900년에 태어나서 우

리나라에서 월드컵이 열렸던 2002년에 세상을 떠났지.

계란아냐! 잠깐만! 그럼…… 헉! 102년 동안이나 살았다는 거야?

멋진오빠 맞아. 그렇게 오랜 세월을 살았으니 얼마나 많은 공부를 했겠니? 바로 그 가다머가 한 얘기를 아까 예란이가 똑같이 했어.

계란아냐! 엥? 난 오늘 처음 듣는 이름이라니까.

멋진오빠 예란이가 아까 그랬지? 아무리 대화를 해도 서로 자기만 옳다고 할 텐데 누가 옳고 그른지를 어떻게 알 수 있느냐고.

계란아냐! 응.

멋진오빠 가다머 역시 '누구나 의심할 수 없는 절대적인 것, 확실하게 옳은 의견'이란 없다고 했어. 그래서 대화가 필요하다고 했지. 대화를 할 때는 내 생각이 전부 옳은 것은 아니라는 겸손한 자세가 필요하고, 대화를 통해 상대방의 생각을 해석하고 이해하는 것, 그것이 진정한 대화라는 거야.

계란아냐! 음…… 알겠어. 그런데 오빠, 아까부터 해석한다고 그랬는데, 영어 같은 걸 우리나라 말로 바꾸는 게 해석 아니야? 나랑 승준이는 둘 다 우리나라 말로 이야기하는데.

멋진오빠 하하하! 그래, 예란이 말도 맞아. 영어 문장을 우리나라 말로 바꾸는 것도 해석이지. 그런데 가다머에 따르면, 해석에도 크게 두 가지 방법이 있어. 영어 문장을 해석할 때도 원래 그 단어가 가진 뜻 그대로 해석하는 방법과, 해석하는 사람이 그 상황이나 시대에 맞게 해석하는 방법이 있지. 가다머 역시 어느 시대 누구에게나 의심할 수 없는 절대적인 것이란 없다고 생각해서 뒤에 말한 해석의 길을 택한 거고, 대화를 통해 의견의 차이를 좁혀야 한다고 말한 거야. 예란아, '너 자신을 알라'라는 말 알지?

계란아냐! 그럼, 알지. 소크라테스가 한 말이잖아. 그런데 그 말은 갑자기 왜?

멋진오빠 소크라테스가 말한 '너 자신을 알라'라는 말이 바로 자기 자신을 반성하고 이해하라는 뜻이잖아? 그러니까 그 말이 대화할 때 우리가 가져야 하는 기본적인 태도와 같다고 할 수 있지.

계란아냐! 음…… 알겠어. 오빠 말을 들으니까, 그동안 내가 듣기 싫은 이야기는 들으려고도 하지 않았던 것 같아. 그건 나도 잘못한 거야. 하지만! 한승준이나 몇몇 아이들 얘기는 정말 참기 힘들다고!

멋진오빠 하하하! 그래, 오빠는 예란이가 현명하게 잘 대처해 나갈 거라고 믿어. 참, 예란아! 오빠가 기쁜 소식 말해 주려고 했는데. 이 얘길 들으면 우리 예란이 기분이 좀 풀리려나? 이번 주에 할아버지 제사도 있고 방학도 시작되어서, 오빠 서울 갈 거야.

계란아냐! 아악! 그 얘길 왜 이제야 해! 야호!

4 또, 여자?

이렇게 신이 날 수가 없습니다. 하늘은 너무 맑고, 차는 쌩쌩 잘
도 달립니다. 예란이가 제일 좋아하는 아빠는 운전을 하며 콧노래
를 부르고, 오빠는 옆자리에서 조잘거리는 예란이의 수다를 귀찮
은 내색 없이 웃으며 들어줍니다.

'엄마도 함께 있었으면 더 좋았을 텐데…….'

엄마는 제사 음식 준비하는 것을 도와주기 위해 어제 아침 일찍
먼저 큰집으로 가셨습니다.

"그래서 오빠, 승준이 그 아이는 정말 최고 밥맛이야. 도대체가 진지한 구석이라고는 없고, 어떻게 하면 수업 안 하고 놀 수 있을까만 궁리한다니까? 그러니까 애들이 걔를 좋아하는 거야. 걔가 실력이 있어서 반장이 된 게 아니라고."

예란이는 승준이 얘기가 나오자 다시 속이 부글부글 끓어오릅니다. 중요한 순간마다 태클을 거는 한승준 때문에 실력 발휘가 안 되니 화가 날 수밖에요.

"하하하, 예란이 말대로라면 한승준이라는 아이가 친구들 사이에서 인기가 있긴 있는 모양이구나."

"어라? 오빠는! 지금 그게 핵심이 아니잖아. 걔가 좀 재미있고 아이들도 잘 웃겨서 인기가 조금 있는 건 사실이지만, 학생 회장이 무슨 코미디언도 아니고 아이들을 재미있게만 해 준다고 해서 되는 건 아니잖아!"

"아, 그러니까 예란이 말은 재미있는 한승준이란 아이보다 공부도 잘하고 똑똑한 우리 예란이가 학생 회장으로 더 적합하다는 그런 말이구나? 하하하!"

"아빠는! 에이, 그런 거 아니에요!"

예란이는 심각한 얘기를 하고 있는데 농담으로 대꾸하는 아빠와 오빠에게 조금 화가 납니다. 학교의 중대사인 학생 회장을 뽑는 일인데 이런 반응을 보이니 말입니다.

 먼 길을 달려 큰댁이 있는 강원도 홍천에 도착했습니다. 차 안에서 어느 틈엔가 지쳐 잠이 들었던 예란이를 오빠가 흔들어 깨웁니다. 예란이는 눈을 비비며 일어나 겨우 정신을 차리고 아빠, 오빠와 함께 큰집으로 들어갑니다. 어른들에게 인사를 하고 나자 저쪽에서 엄마가 웃으며 나오시는 게 보입니다.
 "엄마!"
 겨우 하룻밤 못 봤을 뿐인데도 예란이는 엄마 목에 매달려 한참 동안 떨어질 줄을 모릅니다. 엄마는 제사 음식 준비에 고생이 많았는지 피곤한 얼굴로 웃으며 예란이의 머리를 쓰다듬어 주십니다. 예란이는 엄마가 힘들어 보여서 잠깐 마음이 쓰였지만, 금세 잊고 오랜만에 만난 아이들과 어울려 떠들며 노느라 신이 납니다.
 아빠와 오빠는 큰방으로 들어가 큰아버지와 작은아버지들, 삼촌들과 이런저런 이야기를 나눕니다. 엄마는 다시 부엌으로 가서 큰어머니, 작은어머니들과 함께 제사 음식을 준비하시느라 정신이 없습니다. 전을 부치고, 나물을 데치고, 생선을 굽고…… 해도 해

도 끝이 없을 것 같습니다.

"예란아, 과일 좀 가져오너라."

아이들과 마루에 길게 누워 텔레비전을 보고 있는데 큰아버지가 예란이를 부릅니다. 예란이는 벌떡 일어나 부엌으로 갑니다.

"엄마, 큰아버지가 과일 좀 가져……"

아무래도 지금 과일을 깎아서 가져다줄 사람은 예란이밖에 없는 것 같습니다. 큰어머니도, 엄마도, 작은어머니들도 모두 이마에 땀이 맺힌 채 일을 하고 계십니다.

예란이는 냉장고에서 참외와 배를 꺼내 마루로 가져와 조심스럽게 깎습니다. 집에서 가족들끼리 먹을 때는 그냥 편한 대로 깎아서 먹었지만, 왠지 오늘은 모양을 좀 내야 할 것 같아

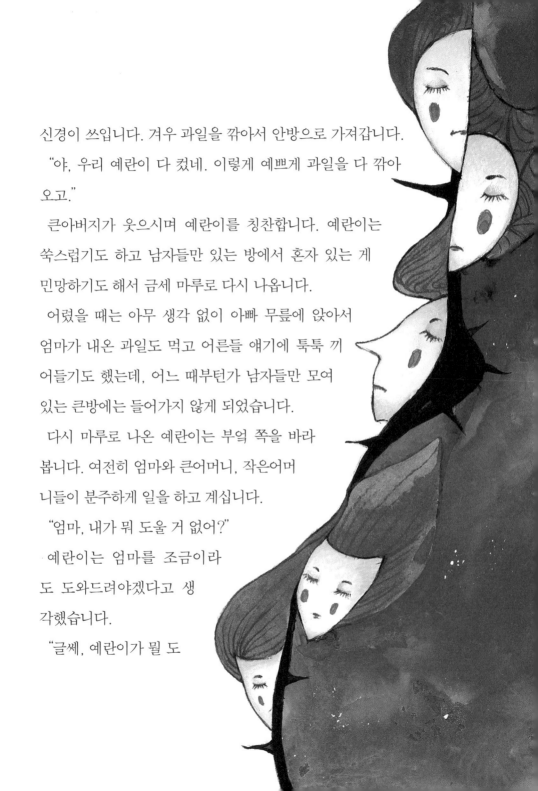

신경이 쓰입니다. 겨우 과일을 깎아서 안방으로 가져갑니다.

"야, 우리 예란이 다 컸네. 이렇게 예쁘게 과일을 다 깎아 오고."

큰아버지가 웃으시며 예란이를 칭찬합니다. 예란이는 쑥스럽기도 하고 남자들만 있는 방에서 혼자 있는 게 민망하기도 해서 금세 마루로 다시 나옵니다.

어렸을 때는 아무 생각 없이 아빠 무릎에 앉아서 엄마가 내온 과일도 먹고 어른들 얘기에 툭툭 끼 어들기도 했는데, 어느 때부턴가 남자들만 모여 있는 큰방에는 들어가지 않게 되었습니다.

다시 마루로 나온 예란이는 부엌 쪽을 바라 봅니다. 여전히 엄마와 큰어머니, 작은어머 니들이 분주하게 일을 하고 계십니다.

"엄마, 내가 뭐 도울 거 없어?"

예란이는 엄마를 조금이라 도 도와드려야겠다고 생 각했습니다.

"글쎄, 예란이가 뭘 도

와주면 좋을까? 가만있자, 그래, 예란아. 이거 경단 만들 건데, 가져가서 동글동글하고 예쁘게 모양 만들어 놓으면 엄마가 전 부치는 것만 끝내 놓고 가서 마무리할게. 고마워, 우리 딸."

예란이는 노랗고 하얀 반죽을 받아 들고 마루로 옵니다. 텔레비전을 보던 아이들도 신기한 듯 예란이 주위로 모여듭니다.

"자, 너희들 모두 손 깨끗이 씻고 와서 앉아. 같이 경단 만들자."

다 함께 도와서 하면 일이 훨씬 수월할 겁니다.

여자 아이들은 손을 씻으러 갑니다. 그런데 사내아이들은 들은 체 만 체하며 다시 텔레비전을 봅니다.

"민태야, 영태야, 너희들은 왜 손 씻으러 안 가니?"

예란이가 묻자 일곱 살짜리 민태가 뒤도 안 돌아보고 대답을 합니다.

"우린 남자잖아."

"뭐?"

예란이는 기가 막혀 말문이 막힐 지경입니다. 겨우 일곱 살짜리 꼬마 입에서 저런 소리가 나오다니.

"조민태, 조영태! 이 콩알만 한 것들이 뭐가 어째? 남자, 여자 따지지 말고 얼른 가서 손 씻고 오지 못해?"

예란이의 고함에 두 꼬마 녀석은 벌떡 일어나 조르르 안방으로 달려 들어갑니다. 예란이가 안방 문 앞까지 따라가 꼬맹이들에게 눈을 흘기며 양 허리에 손을 짚고 서자, 꼬맹이들은 어느새 작은 아버지 뒤에 숨어 혀를 날름거리며 예란이를 놀립니다.

"아니, 우리 예란이 왜 화가 났어? 예란이가 누나니까 좀 봐줘라. 우리 민태랑 영태가 괜히 누나가 좋아서 그러는 거야. 허허허!"

작은아버지는 사정도 모르면서 기분 좋게 웃으시고는 다시 어른들끼리 하던 얘기를 마저 하십니다.

예란이는 분한 마음을 억누르며 다시 마루로 돌아와 앉습니다. 어느새 손을 씻고 온 여자 아이들이 조몰락거리며 경단을 만들고 있습니다.

예란이는 부엌을 바라봅니다. 여전히 엄마들은 분주히 음식 준비를 하고 있습니다. 이번엔 안방을 바라봅니다. 여전히 아빠들은 과일을 먹으며 한가로이 이런저런 이야기를 나누고 있습니다. 갑자기 머릿속에 반 아이들의 모습이 떠오르자, 예란이는 시무룩해져서 건성건성 손안의 경단을 굴립니다.

'여자…… 남자…… 여자…… 남자……'

제사상이 차려지고 남자들은 모두 한복을 차려입었습니다. 여자들은 마루에 주욱 섰습니다. 민태와 영태도 안방에서 한 자리를 차지하고 섰고, 아빠와 익태 오빠도 안방에 있습니다.

　예란이는 마루에서 엄마 옆에 섰습니다. 여자들은 안방에 들어오지 말라고 누가 말한 것도 아닌데 자연스럽게 남자들은 안방에 있고 여자들은 남자들의 뒷모습을 보며 마루에 서 있습니다.

　맨 앞에 선 큰아버지를 따라 아빠와 작은아버지들, 익태 오빠와 남자 아이들이 절을 합니다. 마루에서는 여자들이 그냥 서서 남자들이 절하는 모습을 바라봅니다. 여자 아이들 중 나이가 제일 어린 예진이만 넙죽 남자들을 따라 절을 합니다.

　예란이도 아주 어렸을 때에는 아빠 옆에 서서 절을 했던 기억이 납니다. 그러다 어느 순간부터 제사 때 여자들은 절을 안 한다는 것을 알게 되었고, 아무 생각 없이 그때부터는 절을 하지 않게 되었습니다. 그런데 오늘은 좀 기분이 이상합니다. 예란이는 갑자기 안방 쪽으로 성큼성큼 걸어 들어갑니다.

편견이 일어나는 이유

학생 회장 후보인 승준이와 예란이는 서로 자신이 학생 회장이 되어야 한다고 주장합니다. 승준이는 자신이 반장이고 남자이기 때문에 회장이 되는 게 당연하다고 생각하지만, 예란이는 그렇게 생각하지 않습니다. 승준이가 반장이 된 것은 반 아이들 중에 남자의 수가 여자보다 더 많기 때문이라는 거지요.

황제분식에서 예란이와 예란이를 지지하는 여자 애들은 회장은 능력 있고 힘이 센 남자가 해야지 연약한 여자는 할 수 없다는 남자 애들의 주장이 편견이라고 결론 내립니다. 어려서부터 이런 식으로 여자와 남자를 구분 지었기 때문에 여자는 집안일만 하는 것으로 여겨진 것이라는 거죠.

예란이는 승준이보다 부족한 것도 없는데 자신이 여자라는 이유만으로 회장이 되지 못하는 일이 생길지도 모른다는 생각에 화도 나고 억울하기도 합니다. 그래서 독일로 공부하러 간 오빠에게 도움을 청합니다. 오빠는 예란이에게 가다머라는 철학자에 대한 이야기를 들

려줍니다.

가다머는 상대방의 생각을 해석하고 이해하고 대화해야 한다는 것을 강조한 철학자입니다. 과연 가다머의 철학이 화난 예란이의 마음을 달랠 수 있을까요?

가다머는 현대사회가 갈등이 존재하는 건강하지 못한 사회가 된 것은 편견 때문이라고 생각했습니다.

편견, 또는 선입견은 자신만의 생각이 절대적으로 옳다고 보는 태도를 말합니다. 때문에 가다머는 건강하고 편견이 없는 사회를 만들기 위해서는 대화가 필요하다고 했습니다. 그런데 자신의 생각은 옳고 상대방의 생각은 그르다고 생각한다면 대화는 이루어지지 않겠죠. 왜냐하면 상대방도 그렇게 생각할 테니까요. 나의 생각에도 잘못된 점이 있고, 상대방의 생각에도 옳은 점이 있다는 걸 인정하는 태도가 대화할 때 가장 필요한 것입니다.

과연 예란이는 오빠의 말을 듣고 승준이의 생각을 이해할 수 있을까요? 그러기 위해서는 예란이도 자신의 생각이 전부 옳은 것만은 아니라는 점을 인정해야 할 텐데 말이에요. 이것은 승준이의 생각도 편견이지만 예란이의 생각도 편견임을 인정하는 것을 의미합니다. 자존심 강한 예란이가 과연 그럴 수 있을까요?

'남자니까 회장이 되어야 하고, 여자니까 부회장이 되어야 한다.'

여러분도 이러한 생각이 편견이라고 생각하나요? 그렇다면 그러한 편견은 왜 일어날까요? 친구들과 대화를 통해서 그 원인을 생각해 보세요.

비판적 이성이 있다면

 이해는 현 존재의 유한성과 역사성으로 만들어진 인간 현 존재의 원동력
이다.

―가다머

1 좋은 선입견, 나쁜 선입견

"할아버지가 나를 얼마나 예뻐하셨는지 아빠랑 오빠도 알잖아. 민태나 영태보다 나를 더 예뻐하셨다고. 그러니까 나도 절할 자격 있어! 그리고 민태랑 영태, 고 조그만 녀석들이 뭐라는 줄 알아? 자기들은 남자라서 부엌일을 안 한다는 거야. 도대체 그런 조그만 녀석들한테까지 그런 소리를 들으니 우리나라에 진정한 남녀 평등이 가능하겠냐고! 그리고 또……."

"잠깐만! 잠깐만, 예란아. 하하하. 숨 좀 쉬면서 얘기해. 응?"

익태는 흥분하면 말이 빨라지는 예란이를 겨우 진정시킵니다. 제사가 끝나고 어른들과 아이들 모두 일찌감치 잠자리에 들고 아빠와 예란이, 익태는 큰집 마당 평상에 나와 앉아 이야기를 나누고 있습니다. 낮 동안의 일로 기분이 상한 예란이가 좀처럼 이 기분으로는 잠이 올 것 같지 않아 아빠와 오빠를 끌고 나온 것입니다.

"도대체 왜 제사 같은 건 지내 가지고 여자들만 힘들게 하느냐 말이야. 제사 한 번만 지내고 나면 엄마는 며칠씩 온몸이 쑤셔서 여기저기 파스를 붙이고 살잖아. 아빠랑 오빠도 그래. 왜 평소에는 부엌일도 잘 도와주고 그러면서 큰집에만 오면 안방으로 쏙 들어가서 나오질 않는 건데? 나중에 내가 시집가서 여자라는 이유만으로 제사 때마다 엄마처럼 힘들게 일하면 좋겠어? 응?"

예란이의 화는 좀처럼 가라앉을 것 같지가 않습니다.

"그래, 예란아. 예란이가 하려는 말이 뭔지 다 알겠어. 예란이 말을 들으니까 아빠가 정말 잘못했다는 생각이 드는구나. 다음부터는 아빠도 엄마를 열심히 도와주도록 할게. 약속."

아빠가 새끼손가락을 들어 예란이와 깍지를 끼자, 예란이도 아빠의 웃는 얼굴에 화가 조금 풀립니다.

"하지만 예란아, 제사는 온 가족이 다 함께 모여서 조상들에게 우리 자손들이 모두 잘 지내고 있다고 인사도 하고, 그동안 서로 바빠서 못 만났던 친척들끼리 얼굴도 보며 안부를 묻는 자리이니만큼 아주 중요한 집안의 행사란다. 예란이 말처럼 고쳐져야 할 부분도 있지만, 제사 자체는 우리 민족의 고유한 전통이니까 잘 보존해야 하는 거야."

"하지만 제사 때에 남자를 더 중요하게 생각하고 여자들은 부엌일만 해야 한다고 내려온 전통은 나쁜 전통이잖아요."

"그래, 예란이 네 말도 맞아. 우리 전통 중에서 본받아야 할 것도 있지만 더 이상 현실에 맞지 않아서 버려야 할 것들도 분명히 있어. 예를 들어 부모님께 효도하는 전통은 예란이나 오빠가 본받아야 할 전통이지만, 예란이 말대로 여자보다 남자를 더 중요하게 생각하는 선입견은 버려지고 고쳐야 할 전통이지. 예란아, 이 오빠가 얘기했던 가다머란 철학자 생각나니?"

오빠는 집중해서 듣고 있는 예란이에게 불쑥 질문을 던집니다.

"응? 가다머? 음……, 아! 절대적인 것은 없다! 대화를 통해 의견의 차이를 좁혀라!"

"역시 우리 예란이는 오빠가 가르치는 보람이 있다니까."

"가다머? 그게 누구냐?"

아빠가 두 사람의 대화에 끼어들며 물으십니다.

"독일 철학자인데요, 102살까지 살았고, 대화를 중요하게 생각한 사람이래요. 그래서 오빠, 가다머가 왜?"

예란이는 귀찮다는 듯이 얼른 설명하고는 오빠를 재촉합니다. 아빠는 짐짓 삐친 척 입을 삐쭉 내밀고는 두 사람의 얘기에 귀를 기울입니다.

"가다머는 정당한 선입견과 정당하지 못한 선입견을 구별했어. 우리가 얘기한 전통을 생각해 볼 때 전통이 인습과는 다른 것처럼 말이야. 인습은 아까 말한 남자가 여자보다 중요하다는 생각들처럼 비판이나 반성 없이 수용된 것들이지만, 전통은 오랜 시간 동안 사람들에 의해서 비판되고 재해석되어 전해져 내려온 거야. 마찬가지로 권위도 맹목적인 복종하고는 다르지. 권위는 자발적인 참여로 생겨나는 것이지만, 복종은 힘에 의해 끌려가는 것이니까."

"아, 그러니까 전통이나 권위는 정당한 선입견이고, 인습이나 맹목적인 복종은 정당하지 못한 선입견이라는 거지?"

"그래, 맞아. 그래서 가다머는 우리가 무언가를 이해할 때 정당한 선입견이 전제 조건으로서 도움을 준다고 했어."

익태와 예란이의 이야기를 들으며 아빠는 눈이 반쯤 감겼습니다. 장거리 운전으로 피곤하셨던 모양입니다. 그래도 아빠는 익태와 예란이의 이야기를 놓치지 않고 들으려고 눈을 꼭 감았다 다시 뜹니다.

"그런데 오빠, 전에 가다머가 절대적인 것은 없기 때문에 대화를 통해 의견 차이를 좁혀야 한다고 말했댔잖아. 그럼 정당한 선입견과 정당하지 못한 선입견은 어떻게 구별해야 하는 거야?"

"그 두 가지를 가려내려면 우리의 비판적 이성의 힘이 있어야 하지."

오빠는 비판적 이성이라는 말을 하며 집게손가락으로 예란이의 머리를 가리킵니다.

"비판적 이성은 과거와 현재의 지평을 연결해 주는 역할을 해. 예란이는 지평이 무슨 뜻인지 알고 있니?"

예란이는 고개를 가로젓습니다.

"예란이에게는 예란이의 지평, 오빠한테는 오빠의 지평, 아빠한테는 아빠의 지평, 엄마한테는 엄마의 지평이 있어."

오빠의 말은 갈수록 어려워집니다.

"스무고개도 아니고 뭐야! 난 그런 거 안 가지고 있는데."

예란이가 톡 쏘듯이 말하자 아빠와 오빠는 크게 웃습니다.

"그건 아빠가 설명해 줄 수 있을 것 같은데? 사람들은 각자 살아가면서 경험을 쌓지? 그렇게 쌓인 경험들이 자신의 의견이 되는 거고. 바로 그런 경험들의 특징을 지평이라고 하는 거야. 어떠냐, 익태야? 아빠 말이 맞냐?"

아빠는 어린아이가 스무고개를 맞히고 기뻐하는 것처럼 흐뭇하게 웃으시며 익태를 바라봅니다.

"하하하. 네, 맞아요, 아빠. 비판적 이성이 하는 일이 바로 과거와 현재의 지평을 연결해 주는 거예요. 현재의 지평에서 과거를 비판적으로 해석하고, 또 현재의 지평을 확대하는 일이 비판적 이성이 하는 일인 거죠."

"한마디로 과거와 현재의 대화라고 할 수 있겠구나."

"그렇죠. 비판적 이성을 가져야만 이해를 할 수 있고, 비판적 이성을 갖지 못하면 정당하지 못한 권위나 인습에 의존하게 되는 거죠."

오빠와 아빠가 자신만 쏙 빼놓고 이야기하는 것 같아 예란이는 살짝 기분이 상합니다. 그런 예란이의 기분을 눈치 챘는지 오빠가 예란이를 바라보며 웃습니다.

"예란아, 그렇다면 친구에 대한 편견도 정당하지 못한 선입견이라고 볼 수 있겠지?"

"……."

예란이는 오빠의 질문에 미간을 찡그립니다.

"편견은 다른 사람의 상황이나 처지를 깊이 이해하지 못한 채 자기중심적으로 생각하고 현재 보이는 것에만 집착을 하기 때문에 생기는 거거든."

"내가 이기주의적이라는 거야?"

"하하하, 예란이 또 화났네. 예란이가 지금 몇 살이지?"

"쳇, 오빠는 동생 나이도 몰라?"

예란이는 괜히 톡 쏘아 줍니다. 그래도 오빠는 아랑곳없이 기분 좋은 웃음을 지으며 계속 말합니다.

"예란이가 지금 열세 살이지? 어떻게 해서 열세 살이 되었지?"

"한 살, 두 살 먹다 보니 열세 살이 된 거지 뭐. 그런 바보 같은 질문이 어디 있어?"

"그래, 맞아. 열세 살 먹은 예란이가 현재라면, 현재는 과거의 12년이 모여서 이루어진 것이겠지? 그러니까 오빠 생각에는 현재 승준이라는 아이가 반장이 되고 회장 후보에까지 오르게 된 데에는 그렇게 될 만한 나름의 이유가 쌓여서 나온 결과가 아니었을까 생각되는데? 단순히 지금 아이들에게 재미있다는 이유로 인기가 있어서 선출된 것일 수도 있지만, 과거부터 뭔가 그럴 만한 이유들이 있었던 거……."

"아함, 졸려. 난 들어가서 잘래. 시골이라 그런지 여긴 모기가 너무 많다. 아빠, 일어나세요! 들어가서 주무세요. 오빠도 잘……, 자든지 말든지."

예란이는 평상에서 벌떡 일어나 뒤도 안 돌아보고 방으로 들어와 눕습니다. 항상 옳은 말만 하는 오빠이지만 오늘은 정말 얄밉습니다.

'그럴 만한 이유는 무슨. 한승준이 학생 회장 후보에까지 오르게 된 건 다 편견 때문이야. 남자가 회장이 되어야 한다는 편견 때문이라고!'

예란이는 밤새 이리 뒤척, 저리 뒤척이며 잠을 설쳤습니다. 매일 밤 잠들던 자신의 침대가 아닌 것도 이유이긴 했지만 예란이가 세상에서 제일 좋아하는 오빠가, 예란이가 세상에서 제일 싫어하는 한승준 편을 드는 것 같아 마음이 상할 대로 상했기 때문입니다.

2 규칙은 지키라고 있는 거야!

주말 동안 큰집에 다녀와서인지 너무 피곤하고 기운이 없어 예란이는 학교로 가는 발걸음이 무겁습니다.

"야, 조계란! 그렇게 체력이 약해서 어디 학생 회장 하겠냐? 월요일 아침부터 축 처져서는……."

갑자기 뒤에서 누군가가 예란이의 어깨를 툭 치며 앞으로 튀어나갑니다.

"한승준, 이 자식! 너 거기 안 서!"

월요일 아침부터 밥맛없는 한승준이라니. 예란이는 이를 빠드득 갈며 교실로 갑니다.

어느새 교실로 들어온 승준이는 한 무리의 남자 아이들과 투닥 거리며 장난을 치고 있습니다.

'유치하긴. 반장이라는 게 수업 시작 전에 애들 조용히 시키지는 못할망정 같이 떠들고 있는 꼴이라니.'

예란이는 반장답지 못한 승준이가 한심스럽기만 합니다. 어쩌다 저런 아이가 반장이 되었는지 도저히 이해할 수가 없습니다.

예란이는 책가방에서 책을 꺼내 서랍 속에 넣어 정리하고는 일 어나 칠판 앞으로 나갑니다. 그리고 승준이와 떠들고 있는 아이들 의 이름을 칠판 구석에 적습니다.

한승준

강도영

이요한

·

·

·

예란이네 반에서는 그날그날 청소 당번을 칠판에 이름이 적힌 사람으로 대신하고, 칠판에 이름이 적힌 사람이 없을 때에는 번호대로 돌아가며 청소를 합니다. 예란이가 여섯 명째 이름을 적고 있는데, 갑자기 칠판지우개를 든 손이 쓰윽 이름들을 지워 버립니다.

"야, 뭐 하는 거야, 한승준!"

예란이는 칠판지우개를 들고 있는 승준이를 무섭게 노려봅니다.

"어차피 이름 안 적어도 번호 순서대로 청소 당번은 돌아가는 거 잖아."

승준이가 능글맞게 웃으며 칠판지우개를 든 손을 뒤로 돌려 뒷짐을 집니다.

"떠드는 사람이 청소 당번을 하기로 한 건 우리 반 규칙이야! 그런 식으로 어길 거면 애초에 규칙은 왜 만들었니?"

예란이는 승준이를 쏘아보고는 칠판에 다시 이름을 적습니다. 그런데 승준이가 다시 칠판지우개로 이름들을 날름 지워 버립니다.

"한승준!"

예란이는 빽 소리를 지릅니다. 순간 교실의 모든 아이들이 얼음이라도 된 듯 굳어 버립니다.

"너! 한 번만 더 지워. 그땐 정말 가만 안 둬!"

예란이는 이를 빠득빠득 갈며 승준이를 노려봅니다. 아이들 모두 침을 꿀꺽 삼킵니다.

"야, 조예란. 지금은 어차피 수업 시간도 아니고, 굳이 이름 적지 않아도 순서대로 돌아가면서 청소를 하는데 아침부터 기분 나쁘게 이름을 적어야겠냐. 꼭 그래야겠어?"

승준이도 이제 웃지 않고 진지하게 이야기를 합니다.

"한승준! 지금이 수업 시간은 아니지만 쉬는 시간도 아니야. 엄연히 자습 시간이라고. 이 시간에 아이들이 떠들지 않게 첫 수업 준비시키고 있으라고 선생님께서 지시하신 것 기억 안 나? 반장이 나서서 어기는 규칙을 누가 지키겠니? 안 그래?"

예란이가 또박또박 이야기하자 승준이는 잠깐 멍하니 예란이를 바라보다가 입을 엽니다.

"조예란, 네 말이 다 옳긴 한데, 이 시간에 수업 준비하면서 얌전히 앉아 있는 애가 몇이나 되냐? 네 말대로라면 우리 반 애들 반이상은 다 이름 적어야 할 텐데, 그렇게 치면 그 아이들 이름 다 적지 않고 일부만 적는 너도 편파적인 거 아니냐?"

사실 승준이의 말대로 아침 자습 시간이래야 봤자 수업 전 10분

정도이고, 그 시간에 첫 시간 수업 준비를 하며 얌전히 있는 아이가 몇 명 없다는 것은 예란이도 잘 알고 있습니다. 본의 아니게 오늘 아침에는 예란이가 승준이에게 화풀이를 한 꼴이 되어 버렸습니다. 주말 동안 오빠가 승준이를 두둔하며 했던 말들이 떠올라 화가 치밀어 오른 것입니다.

어쨌거나 반 아이들 전체가 예란이의 다음 행동에 주목하고 있는 이 시점에 흐리멍덩하게 물러설 순 없다는 생각에, 예란이는 다시 한 번 승준이를 노려보고는 칠판에 여섯 명의 이름을 적습니다. 그리고 반 아이들을 휙 둘러봅니다. 책상 위에 첫 수업 시간 교재인 수학책을 펼쳐 놓지 않은 아이들의 이름이 하나둘 칠판에 적힙니다.

갑자기 교실 안은 우당탕탕 난리가 납니다. 자리로 뛰어 들어가 수학책을 펴는 아이, 급하게 책을 꺼내 편다는 것이 국어책을 펴는 바람에 다시 접고 수학책을 찾아 가방을 뒤지는 아이 등, 이름을 적히지 않으려는 아이들의 필사적인 노력으로 교실은 한바탕 소란을 치른 후에야 조용해집니다.

칠판에는 무려 17명의 이름이 적혀 있습니다. 예란이는 분필을 내려놓고 보란 듯이 승준이를 쏘아보고는 자리로 돌아가 앉습니다. 승준이 역시 황당한 표정으로 예란이를 바라보다가 자리로 돌아갑니다. 마침 선생님께서 교실 문을 열고 들어오십니다.

"어라? 너희들 무슨 일 있냐? 오늘은 왜 이리 적막하냐? 가만, 오늘이 만우절인가? 그것도 아닌데."

선생님은 조용히 앉아 책을 펴놓고 있는 아이들을 적응이 안 되는 듯 한참을 두리번거리며 바라보다 칠판에 적힌 열일곱 명의 아이들 이름을 발견합니다.

"푸핫, 이게 다 뭐냐? 이 정도면 우리 반 대청소라도 해야겠는걸. 이제 두고두고 청소 걱정은 안 해도 되겠다. 하하하."

선생님은 언제나 그렇듯 기분 좋게 웃으시다 교실 분위기가 심상치 않음을 느끼셨는지 멋쩍게 머리를 긁적이며 아이들을 둘러봅니다. 이름이 적힌 아이들은 입이 한 자씩 나와 있고, 이름이 안 적힌 아이들 표정도 좋지 않기는 마찬가지입니다. 그리고 예란이와 승준이의 표정도…….

선생님은 대강 상황을 눈치 채시고는 씨익 웃으며 입을 엽니다.

"법은 지키라고 만드는 거지? 교실에서 우리가 함께 만든 규칙들도 지키자고 만든 약속이야. 그렇지? 그렇다면 모두가 지키도록 노력해야겠지? 자, 첫 시간부터 여러분이 제일 좋아하는 수학

이네."

"우!"

선생님의 농담에 언제 그랬냐는 듯 아이들은 깔깔거리며 손을 모아 야유를 보냅니다. 역시 선생님밖에 없다고 생각하며 예란이는 내심 자신이 옳았다는 듯이 승준이를 바라봅니다.

"자, 자, 그럼 아침부터 떠들어서 이름 적히고 수학 숙제도 나와서 풀고 하면 기분이 두 배로 좋겠지? 이요한! 나와서 37쪽 3번 문제 푼다. 실시!"

"아악!"

요한이가 머리를 쥐어뜯는 과장된 행동으로 다시 한 번 반 아이들을 웃게 만듭니다. 이번에는 승준이가 너 때문에 아침부터 아이들 기분이 어떻겠냐는 눈빛으로 예란이를 쏘아봅니다. 오늘도 승준이와 예란이의 보이지 않는 힘겨루기가 예상되는 하루입니다.

"이 녀석아! 지난번에 그렇게 설명을 하고 비슷한 문제도 몇 번 풀고 했는데 또 틀리냐? 숙제는 도대체 어떻게 한 거야? 엥?"

"선생님! 제가 요즘 과도한 숙제와 학원 공부로 인해 정신이 오락가락해서 가끔 아는 문제도 까먹는 증상이……, 아얏!"

"알겠다, 이 녀석아. 그 정신 돌아올 때까지 오늘 남아서 숙제 다시 하고 검사받고 가! 아차, 그리고 내일 특별활동 시간에는 전교생들이 강당에 모여 성교육을 받기로 했지?"

"우!"

"어우!"

성교육이란 말에 아이들이 책상을 치고 저마다 떠드는 바람에 교실은 다시 시끌벅적해집니다.

"자, 자, 조용! 그 시간에 앞서 짧게 시간을 내 가지고 학생 회장 후보들의 지지 연설이 있을 예정이다. 여러 가지 여건상 전교생이 투표를 할 수는 없겠지만, 그래도 다 함께 후보들의 연설을 듣고 어떤 친구가 회장이 되는 것이 우리 학교를 위해 좋은지 판단해 보면 좋겠지? 자 그럼, 어디까지 했지?"

선생님의 말씀에 예란이는 가슴이 콩닥콩닥 뜁니다.

"에이, 선생님 정신도 돌아오셔야겠는데요. 아얏!"

역시 요한이는 예란이네 반의 동네북, 아니 분위기 메이커입니다.

3 예란이는 규칙쟁이!

"그게 규칙이야. 너한테만 예외를 둘 순 없어."

예란이 앞에 금방이라도 울 것 같은 표정을 한 정은이가 서 있습니다.

"제발 예란아, 한 번만 봐주라. 다음 쉬는 시간에 제출해도 되잖아. 5분이면 다 할 수 있어. 정말이야. 내가 어제 숙제하려고 했는데, 갑자기 엄마가 친척 집에 같이 가자고 하시는 바람에……."

"정은아, 너 지난번에도 숙제 안 해 왔을 때 비슷한 핑계 댔었잖

아. 이런 식으로 너를 봐주면 다른 숙제 안 해 온 아이들도 모두 봐줘야 해. 그렇게 되면…….”

“야, 됐어! 알았어. 정말 되게 깐깐하게 구네.”

정은이가 홱 토라져서는 자기 자리로 돌아갑니다.

예란이는 단호한 표정으로 아이들의 공책을 걷어 교무실로 향합니다. 그런 예란이의 뒤통수에 대고 소리치는 정은이의 목소리가 들립니다.

“재수 없어. 지가 부반장이면 다야!”

예란이는 잠시 불끈했지만 꾹 참고 다시 교무실로 향합니다. 사실 이런 일이 한두 번이 아니라서 단련이 될 만도 한데, 이럴 때마다 속이 상하는 건 어쩔 수 없습니다.

‘에잇, 이놈의 부반장 안 하고 말지.’

교무실로 간 예란이는 선생님 자리에 아이들의 숙제 노트를 내려놓습니다.

“예란아, 아이들한테 가서 다음 시간에 조별 토론 수업할 거니까 책상 위치 옮겨 놓고 조별로 주제 하나씩 정해서 토론하고 있으라고 얘기 좀 해 줄래?”

“네, 선생님.”

예란이는 교실로 돌아와 시끄럽게 떠드는 아이들에게 소리칩니다.

"다음 시간 조별 토론 수업이래. 선생님이 다들 책상 옮기고 조별로 주제 하나씩 정해서 토론하고 있으래."

예란이는 아이들에게 큰 소리로 말한 후 책상을 옮깁니다. 그런데 몇몇 남자 아이들은 여전히 떠들고만 있습니다. 예란이는 다시 한 번 버럭 소리를 지릅니다.

"책상 옮기라는 소리 못 들었어!"

그제야 느릿느릿 남자 아이들이 책상을 옮기기 시작합니다. 그런데 책상을 옮기고 자리에 앉아서도 남자 아이들은 여전히 장난을 치고 떠드느라 토론 수업 준비에는 관심도 없습니다.

"각 조별로 토론 수업 준비하라니까! 반장! 너 뭐 해? 이건 네가 할 일이잖아!"

예란이가 다시 한 번 소리를 지르자, 아이들이 툴툴대며 토론 수업을 준비합니다. 승준이도 깜짝 놀라며 그제야 엉덩이를 떼고 자리에서 일어납니다.

"얘들아, 부반장 말 안 들리냐? 얼른 주제 정해서 토론 시작해."

승준이의 말이 끝나자마자 교실 뒷문이 열리며 낯선 아저씨들 몇몇이 교실로 들어오고, 그 뒤를 따라 교장 선생님과 몇몇 선생님들도 함께 들어옵니다. 그리고 담임선생님은 앞문으로 들어오셔서 교탁 앞에 섭니다.

"아니, 이거 우리 반 맞아? 하하하! 아, 뒤에 계신 선생님들께 미리 말씀드리지만 저희 아이들이 항상 이렇진 않습니다. 하하! 얘들아, 선생님이 적응이 안 된다. 아무튼 토론 수업 시작해 볼까?"

그렇게 토론 수업이 시작되고 몇 분이 지나자, 뒤에 계셨던 선생님들과 낯선 아저씨들이 모두 조용히 밖으로 나가십니다.

"저 아저씨들은 누구예요?"

도영이가 참지 못하고 묻습니다.

"너희들이 평소에 수업을 어떻게 받는지 보러 나오신 장학사 선생님들이야. 항상 어느 반 수업을 참관하겠다고 미리 말씀해 주셔서 준비하곤 했는데, 이번에는 미리 정하지 않고 그냥 아무 반에나 들어간다고 하시기에 은근히 우리 반이 걸릴까 봐 걱정했지. 하하! 그런데 너희들이 오늘따라 웬일이냐? 하하!"

선생님은 농담처럼 말씀하시면서도 기분이 좋으신 듯 계속 웃으십니다.

"선생님! 다 부반장의 공입니다. 부반장이 장학생 선생님들의 방문을 정확히 예측하였습니다!"

예란이의 팬인 요한이가 신이 나서 말했지만, 그래도 예란이는
기운이 쭉 빠집니다.
　'아! 무슨 부반장이 이래? 만날 아이들한테 싫은 소리만 듣
고…….'

4 예란이의 나쁜 선입견?

"아, 아! 여러분, 안녕하십니까! 음, 아, 아! 으뜸초등학교 전교생 여러분! 으음, 아, 아! 학우 여러분! 안녕하세요? 음, 음."

"큭, 큭."

"아이참, 쉿! 예란이가 들어요."

"알겠어, 알겠어. 큭."

아침 7시 50분. 살짝 열린 예란이의 방문 틈 사이로 목을 가다듬고 보이지 않는 청중들에게 '안녕하세요'를 백 번 정도 외치고 있는 예란이의 목소리가 새어 나옵니다. 그리고 마루에서는 애써 안 듣는 척 아침을 먹으며 나오는 웃음을 힘들게 참고 계시는 아빠와 그런 아빠에게 눈치를 주는 엄마가 조용히 예란이의 방문을 열어 봅니다.

"예란아, 아침 먹고 학교 가야지."

"응? 응, 알았어요, 엄마."

아침을 먹는 내내 예란이는 무엇을 그리 골똘히 생각하는지 미간에 주름까지 잡은 채 비장하게 밥을 먹습니다.

"엄마!"

"응?"

그리고 큰 결심을 했다는 듯이 숟가락을 내려놓으며 말합니다.

"날계란 하나만 주세요!"

"푸핫!"

'아빠는, 이게 얼마나 심각한 일인데 밥알까지 튀기며 웃으신담?'

예란이의 말에 참았던 웃음이 터져 버린 아빠의 입에서 총알처럼 발사된 밥알들 때문에 신경 써서 입은 옷을 버리고 말았습니다. 예란이는 다른 옷으로 갈아입느라 늦은 등굣길을 빠른 걸음으로 재촉하며 걷습니다.

"조계란! 너 오늘 의상에 너무 힘줬다. 대통령 후보 연설이라도 하나 보지?"

누군가 어깨를 툭 치고는 앞으로 달려 나갑니다.

"한승준! 네 가방 문이나 제대로 닫으시지!"

'아침부터 재수 없게…… 이따 보자, 한승준. 반 아이들 앞에서 얘기했던 것처럼 했다가는 넌 완전 웃음거리가 될 거야.'

예란이는 씨익 웃으며 가벼운 걸음으로 교실 문을 열고 들어갑니다. 그런데 '여기가 우리 반 맞나?' 하는 생각이 들어 순간적으로 교실 뒷문에서 잠시 주춤합니다. 반 아이들 모두가 제자리에 앉아서 첫 시간 수업 교재인 국어책을 펴놓고 있는 게 아니겠어요?

'아뿔싸! 오늘 학생 회장 후보 연설이 있는 줄 알았더라면 어제 아이들 이름을 그렇게 막무가내로 적지는 않았을 텐데.'

예란이는 뒤늦게 후회가 밀려왔습니다.

'아니야, 규칙은 규칙이야. 그깟 인기에 연연하느라 한승준처럼 규칙을 어기진 않겠어.'

이렇게 마음을 먹긴 했지만 하루 종일 기분이 좋지는 않았습니다.

수업이 모두 끝나고 드디어 특별활동 시간이 되자 아이들은 시끄럽게 떠들며 무리 지어 강당으로 들어섭니다. 예란이도 효영이를 비롯한 몇몇 친구들에게 둘러싸여 강당으로 갔습니다.

"예란아, 떨지 말고 잘해. 평소에 하던 대로 논리적으로 말하면 한승준이든 다른 후보들이든 다 기가 팍 죽을걸? 연습은 좀 했어?"

"응? 응, 아니. 연습은 무슨. 그냥 생각나는 대로 말하면 되는 거지."

예란이는 어제 밤새도록 연설을 준비하느라 거의 뜬눈으로 밤을 새우고 아침에 날계란까지 하나 먹고 왔다는 사실은 자존심 때문에 얘기하지 않았습니다.

강당에 전교생들이 다 들어오고, 학생 회장 후보들은 단상에 마련된 의자에 앉았습니다. 예란이의 심장이 다시 콩닥콩닥 뛰기 시작합니다.

"아, 아! 마이크 테스트. 자, 거기 뒷줄! 그만 떠들고 어서 자리에 앉으세요. 그럼, 지금부터 우리 학교를 이끌어 갈 새로운 학생 회장과 부회장을 뽑기 위한 후보 연설을 시작하겠습니다. 여러분 모두가 직접 투표를 하면 좋겠지만, 여건상 여러분을 대표하는 임원들이 회장과 부회장을 뽑게 될 겁니다. 하지만 여러분을 위해 일할 친구들을 뽑는 일이니까 후보들의 연설을 들은 후에 여러분을 위해 일할 수 있는 친구가 누구인지를 잘 판단하고, 각 후보의 연설이 끝날 때마다 힘찬 박수로 지지 의사를 보여 주시기 바랍니다. 거기, 너! 이요한이지? 이 녀석, 빨리 자리에 앉아! 으흠, 자 그럼 1반 독고진 후보부터 나오세요."

교감 선생님의 말씀이 끝나고 1반 반장 독고진이 나와 약간은 떨리는 목소리로 자신이 학교의 회장이 되면 학교를 위해 무슨 일을 할 것인지에 대해 이야기합니다.

"야, 조예란. 밤새 준비했을 텐데 왜 그렇게 떠냐? 너 심장 뛰는 소리가 여기까지 들린다, 야."

그렇지 않아도 긴장이 돼서 손에 땀이 다 나는데 옆에 앉은 승준이가 자꾸 예란이를 찌르며 말을 시킵니다.

"시끄러워. 너나 잘하시지."

예란이는 승준이를 쏘아보며 낮은 소리로 말합니다.

1반 반장과 2반 반장의 연설이 모두 끝나고, 드디어 승준이와 예란이의 차례가 돌아왔습니다.

"자, 다음은 유일한 여자 후보, 3반의 조예란 나오세요."

교감 선생님의 소개가 끝나고 예란이는 차분하게 연단으로 걸어

나갑니다.

'침착하자, 침착해. 후후.'

예란이는 마음속으로 침착하게 다섯을 센 후에 입을 엽니다.

"으뜸초등학교 학우 여러분, 안녕하십니까! 저는 6학년 3반 조예란입니다. 조금 전에 교감 선생님께서 저를 소개해 주실 때 유일한 여자 후보라고 말씀하셨습니다. 하지만 저는 여자 후보가 아닙니다."

"뭐야, 그럼 남자란 얘기야? 히히."

예란이의 이야기에 누군가가 장난스럽게 대꾸했고, 강당은 잠시 아이들의 웃음소리로 시끄러워졌습니다.

"거기 이해력이 떨어지는 학생께서는 끝까지 경청해 주시기 바랍니다."

"하하하!"

예란이가 똑 부러지는 목소리로 맞받아치자 다시 강당에는 아이들의 웃음소리가 크게 울려 퍼집니다.

"저는 여자 학생 회장 후보가 아니라 그냥 학생 회장 후보일 뿐입니다. 나머지 후보들과 동등한 조건으로 학생 회장 후보가 된 것입니다. 저는 제가 학생 회장이 되는 데에 여자라고 해서 특별

대우를 받을 일도, 여자라서 문제가 될 일도 없다고 생각합니다. 그런데 언제부턴가 우리 학교에는 당연히 남자 후보는 회장이 되고 여자 후보는 부회장이 되는 이상한 관습이 생긴 것 같습니다. 그것은 나쁜 선입견입니다. 왜 여자라고 해서 남자를 보조하는 역할만 해야 합니까? 여학생들도 남학생들과 똑같이 체육 시간에 윗몸일으키기도 하고, 축구도 합니다. 남학생들도 여학생들과 똑같이 가사 시간에 앞치마를 두르고 요리도 하고, 바느질도 배웁니다. 그런데 왜 학생 회장은 남자만 해야 합니까?"

"와!"

예란이네 반 여학생들을 주축으로 해서 강당에 모인 대다수의 여학생들이 환호성을 지릅니다. 남학생들도 여학생들을 따라 소리를 지르기도 하고, 장난스럽게 야유를 보내기도 합니다. 덕분에 순식간에 강당이 시끄러워졌습니다.

"학생 회장을 뽑는 데 가장 중요한 것은 남자냐, 여자냐가 아닙니다. 바로 회장을 할 만한 자질이 있느냐, 아니냐가 가장 중요한 판단 근거가 되어야 한다고 생각합니다. 여기 계신 학우 여러분, 그리고 임원단과 선생님들께 꼭 말씀드리고 싶은 것이 있습니다. 반드시 제가 아니어도 좋습니다. 모든 선입견을 버리고 학교를 위해 열심히 일할 만한 사람을 뽑아 주십시오. 학교의 교칙을 중요하게 생각하고 약속을 중요하게 생각하는 사람, 스스로가 남에게 모범이 되는 사람, 그런 사람을 뽑아 주십시오. 그것이 으뜸초등학교의 한 사람으로서 제가 바라는 작은 소망입니다."

마지막 말을 끝으로 예란이는 고개 숙여 인사를 한 뒤 자리로 돌아옵니다. 강당 안의 모든 아이들이 박수를 치고 환호를 하며 예란이의 멋진 연설에 답합니다. 예란이는 자리에 앉기 전 연단으로 나가는 승준이를 흘긋 쳐다봅니다.

'봤지? 한승준, 넌 나한테 안 돼!'

예란이의 마음을 아는지 모르는지 승준이는 예란이를 향해 싱긋 웃고는 연단에 섭니다.

"안녕하세요! 6학년 3반 한승준입니다. 앞에서 너무 이야기들을 잘하셔서 사실 전 뭐 그렇게 길게 할 말은 없습니다. 다만 앞의 후보가 말한 이야기들이 여러분에게 또 다른 선입견을 심어 주지는 않을까 걱정이 되어서 한마디만 하겠습니다."

'뭐? 내가 한 말이 뭐 어째?'

승준이의 말에 예란이는 귀를 쫑긋 세우고 집중했고, 아이들도 모두 승준이의 다음 이야기에 귀를 기울입니다.

"여러분 중에 남자는 남자니까 학생 회장이 되고, 여자는 여자니까 부회장이 되어야 한다고 생각하시는 분이 있다면 그것은 분명 나쁜 선입견일 것입니다. 하지만 그럴 만한 자질이 있어서 남자 후보가 학생 회장이 되었는데 그것을 가지고 남자여서 그렇다고 무조건 몰아붙인다면, 그것 역시 나쁜 선입견 아닙니까?"

"와! 옳소!"

도영이가 승준이의 말을 큰 소리로 옹호했습니다. 다시 강당 안

은 승준이가 한 말을 두고 시끌시끌해집니다.

"그리고 선입견이 모두 나쁜 것만은 아니라고 생각합니다. 남자가 여자보다 힘이 센 것은 자연스러운 사실이며, 그것이 우열을 가릴 문제는 아니지 않습니까? 때로는 굳은 일이나 힘을 써야 하는 일에 여자보다 남자가 더 적합할 수도 있습니다. 그래서 좀 더 많은 일을 해야 하는 회장직을 남자가 더 많이 맡아 했던 것일 수도 있습니다. 그것을 굳이 남자, 여자의 문제로 생각할 필요는 없을 것 같습니다. 그리고 저 역시 임원단이나 선생님들께서 앞에서 다른 후보가 말한 것처럼 모든 선입견을 버리시고 학교를 위해 열심히 일할 만한 학생을 회장으로 뽑아 주시길 진심으로 바랍니다. 아, 그리고 제가 학생 회장이 된다면 무조건 소풍은 일 년에 네 번 가도록 할 것입니다. 봄에 한 번, 여름에 한 번, 가을에 한 번, 겨울에 한 번. 하하하! 감사합니다."

승준이의 연설이 끝나자 강당 안은 아이들의 환호와 박수 소리로 가득 찼습니다. 승준이를 끝으로 학생 회장 후보들의 연설이 모두 끝나고 성교육이 시작되었습니다. 하지만 예란이의 머릿속은 복잡하기만 합니다.

'내가 나쁜 선입견을 가지고 있다고? 내가? 그게 모두 선입견이라고?'

게다가 익태 오빠에게 가다머라는 철학자의 이야기를 들으며 알게 된 나쁜 선입견이란 말을 승준이가 어떻게 아는 건지. 예란이는 한 시간 동안 이어진 특별 수업이 어떻게 지나갔는지도 모를 정도로 깊은 생각에 빠져 있었습니다.

좋은 선입견과 나쁜 선입견

　예란이는 자존심이 강하고 규칙대로만 행동하는 규칙쟁이로 알려져 있습니다. 떠드는 사람, 숙제 안 해 오는 사람은 예외 없이 부반장인 예란이에 의해 칠판에 이름이 적히거나 선생님께 알려집니다.

　때문에 이러한 예란이의 행동에 대해 불만을 표시하는 아이들도 있습니다. '대부분의 아이들이 떠드는데 그중에 일부만 이름을 적는 것은 편파적이지 않느냐? 사정이 있어 숙제를 못했는데 왜 예외를 두지 않느냐?' 는 것이지요. 그럼에도 예란인 이런 불만의 소리엔 아랑곳하지 않고 규칙대로만 행동합니다.

　물론 예란이의 이런 규칙주의 때문에 좋은 일이 생기기도 했습니다. 토론 수업 준비가 잘되고, 예고 없는 장학사 선생님들의 수업 참관도 잘 이루어졌기 때문입니다.

　여러분은 예란이의 이런 규칙주의에 대해 어떻게 생각하나요?

　예란이는 할아버지 제사 때문에 지난 주말에 한국에 온 익태 오빠로부터 선입견에 대한 여러 가지 이야기를 듣는 기회를 가졌습니다. 선

입견에도 좋은 선입견과 나쁜 선입견이 있으며, 두 가지 선입견을 구별하는 기준은 비판적 이성의 힘에 있다는 것이었습니다.

좋은 선입견이란 부모님께 효도하는 전통처럼 사람들에 의해 오랫동안 비판되고 재해석되어 내려온 것을 말합니다. 나쁜 선입견이란 여자보다 남자를 더 중요하게 생각하는 것처럼 비판이나 반성 없이 무조건 수용된 것을 말합니다. 비판적 이성은 나쁜 선입견을 바로잡을 수 있는 사람들의 능력입니다.

가다머는 한 사람 한 사람이 쌓은 경험을 '지평'이라고 불렀습니다. 우리의 경험이란 끝없이 펼쳐진 수평선처럼 과거와 현재가 하나로 이어져 생긴 것이기 때문입니다. 그래서 가다머는 비판적 이성이 과거의 지평과 현재의 지평을 연결해 주는 역할을 한다고 말합니다.

그렇다면 예란이에게 과연 이러한 비판적 이성이 있을까요?

드디어 회장 후보 연설 시간이 되었습니다. 그런데 예란이와 승준이는 모두 상대방의 생각이 나쁜 선입견이라고 비판합니다. 예란인 학생 회장을 뽑는 기준이 남자, 여자가 되어서는 안 된다고 말하고, 승준이는 그럴 만한 자질이 있어서 학생 회장이 된 건데 그것이 단지 남자이기 때문에 된 거라고 하는 것은 나쁜 선입견이라고 말합니다.

연설이 끝나고 예란이는 혹시 자신도 나쁜 선입견을 가지고 있는 것은 아닌가 하는 생각을 하게 됩니다.

여러분은 누구의 말이 더 옳다고 생각하나요? 아니면, 두 사람 모두 선입견을 가지고 있는 걸까요? 답은 비판적 이성이 말해 줄 것입니다.

하나가 되는 지평 융합

 이해란 어떤 개인의 주관적인 행위라기보다 과거와 현재가 끊임없이
용해되어 가고 있는 전통 안에 자기 스스로를 정립시키는 것이라 생각할
수 있다.

—가다머

1 승준이의 다른 모습

"승준이 너무 말 잘하지 않니? 걔 진짜 멋지더라. 그치?"

"역시 한승준, 카리스마가 있다니까."

"야, 야! 아무리 그래도 조예란 카리스마에 비하겠냐? 걔처럼 똑똑하고 예쁜 애가 우리 학교를 이끌어야지."

"야, 이요한! 너 한승준 친구 맞냐?"

"어허! 공과 사는 구분해야지."

"잘났어, 이요한."

앞서 가는 아이들이 까르르 웃으며 학생 회장 후보들의 연설에 대해 이야기합니다. 예란이는 계속 못마땅한 표정으로 교실로 돌아갑니다.

"자, 오늘 청소는 어제 이름 적힌 사람들 중에 청소 안 했던 8명이 하면 되겠지? 그럼 다들 의자 넣고, 가방 들고, 집으로 갓!"

"안녕히 계세요!"

선생님의 종례가 끝나고 아이들은 신나게 가방을 들고 교실을 빠져나갑니다.

"예란아, 오늘 너희 집에 가서 숙제하자. 미동이도 오늘 엄마한테 허락받았대."

"그래, 그러자. 오늘 아마 우리 오빠도 집에 있을 거야. 오빠한테 맛있는 토스트 해 달라고 해야겠다."

예란이와 효영이, 미동이는 요즘 듣는 음악 이야기이며, 텔레비전 이야기를 하며 신나게 교실을 나섭니다.

"쟤 승준이 아니야? 쟤는 어제 청소했는데."

미동이가 앞서 가는 아이들 중 하나를 가리키며 말합니다. 승준이가 여자 아이들과 신나게 떠들며 무거워 보이는 재활용 쓰레기통을 들고 걸어가고 있는 게 보입니다.

"쳇, 점수 따려는 거야, 뭐야?"

효영이가 입을 삐죽이며 말합니다.

"아니야. 저번에도 당번 아닌데 여자 애들이 무거운 쓰레기통 비우니까 도와주던데? 매일 까부는 것 같아도 친절한 면은 있더라고. 내가 당번일 때도 같이 책상 밀어 주고 그랬어."

평소에 도덕 선생님 같은 미동이가 조용조용 말하자 효영이도 입을 한번 삐죽이고는 아무 말이 없습니다. 아마 정은이나 다른 여자 아이들이 그렇게 승준이 편을 드는 말을 했다면 효영이가 가만두지 않았을 것입니다.

"힘이 남아도나 보지. 반 아이들 청소하게 만든 장본인이 누군데? 반장이라면 저렇게 청소를 도와줄 게 아니라 아이들이 떠들어서 청소에 걸리는 일 없게 평소에 솔선수범해서 규칙을 잘 지켰어야지."

"뭐, 그 말도 맞네. 호호."

예란이의 말에 미동이는 귀엽게 웃으며 맞장구를 칩니다.

"오빠, 나 왔어!"

"익태 오빠, 안녕하세요!"

"저희 왔어요!"

예란이와 미동이, 효영이는 현관으로 들어서며 한목소리로 익태 오빠를 부릅니다. 예란이의 오빠는 독일로 공부하러 떠나기 전에 예란이 친구들이 집에 놀러 오면 가끔씩 맛있는 음식도 해 주고 재미있는 이야기도 들려주곤 해서 예란이 친구들에게 인기가 좋습니다.

"와! 이게 누구야? 너희들 정말 많이 컸구나. 우리 예란이만 빼 놓고 그렇게 커 버리면 어떡하니?"

"오빠!"

"하하하. 농담이야, 농담. 너희들 뭐 맛있는 거 해 줄까? 오빠가 간만에 솜씨 발휘 좀 해야겠는걸."

예란이의 오빠는 팔을 걷어붙이며 아이들에게 기분 좋게 웃어 보입니다.

"오빠, 예전에 저희에게 해 주셨던 토스트요! 야채 다져서 계란 에 넣고 그 위에 설탕도 솔솔 뿌렸던……."

"오케이! 우리 미동이가 오빠표 토스트에 반했었구나. 그럼 방 에 들어가서 숙제들 하고 있어. 오빠가 금방 만들어서 대령하겠습 니다."

"네!"

예란이 방으로 들어온 아이들은 책가방에서 책과 노트를 꺼내고 각자 침대 위와 방바닥에 배를 깔고 엎드립니다.

"어머! 조예란, 너 아직도 저 브로마이드니? 이번 달 잡지 중에 요즘 인기 있는 스타 사진을 부록으로 주는 거 있다니까."

"정말? 어우, 나 용돈 다 떨어졌는데. 효영아, 네가 그 잡지 사서 나한테 부록만 팔아라. 응?"

"야, 다들 부록 때문에 그 잡지 사는 건데 그것만 팔라고? 이런 도둑놈 심보를 봤나."

여자 아이들 셋이 모여서인지 예란이 방에선 까르르 웃음소리가 끊이질 않습니다.

"똑똑."

"어? 오빠, 왜?"

"응, 예란아. 오빠가 열심히 계란 풀고 야채 썰어서 빵에 입힐 옷은 만들어 놨는데 글쎄, 주인공인 식빵이 몇 개 없네. 예란이가 가서 식빵 좀 사다 줄래?"

"응, 알았어. 너희들 숙제하고 있어. 아니면 음악 듣고 있든지. 빨리 갔다 올게."

예란이는 오빠가 준 3,000원을 손에 쥐고 집을 나섭니다. 그동안은 엄마, 아빠가 모두 일을 하시고 오빠까지 외국에 나가 있어서 간식을 잘 챙겨 먹지 못했는데, 오빠가 오니 이렇게 좋을 수가 없습니다. 물론 엄마가 만들어 주시는 것만큼 맛이 있진 않지만 그래도 밖에서 사 먹는 과자나 빵에 비할 수는 없습니다.

'어, 한승준 아냐?'

예란이가 신나게 빵집으로 가고 있을 때, 저 앞에서 촌스러운 보따리를 양손에 가득 들고 어딘가로 가고 있는 승준이가 보였습니다.

'뭐야, 저 촌스러운 보따리는. 게다가 여태껏 책가방을 메고 있네. 아직도 집에 안 간 거야?'

그런데 승준이 뒤로 꼬부랑 할머니 한 분이 바싹 따라가시며 연신 양옆의 집들을 두리번거리는 게 보입니다. 예란이는 두 사람을 조금 따라가 보기로 하였습니다.

"할머니, 여기도 아니에요?"

"아이고, 미안해서 이를 어째…… 늙으면 죽어야지. 아무래도 그 집이 그 집 같아서 원."

"아니에요, 할머니. 천천히 생각해 보세요. 저도 전에 친구 집에

한번 놀러 갔었는데요, 다음번에 혼자 가려니까 그 집이 그 집 같
아서 도저히 못 찾겠더라고요. 서울에 있는 집들은 다 새집처럼
　　비슷비슷하다고 저희 할머니께서도 항상 그러시는데요
　　　뭐. 헤헤."
　　　　이마에 땀이 송골송골 맺혀 있는데도 승준이는 힘
　　　든 기색 하나 없이 할머니를 보며 싱글싱글 웃기
　　　　까지 합니다.

　'진짜 오지랖도 넓지. 파출소에 모셔다 드리면 될 것을, 이 동네
에 살지도 않으면서 어떻게 찾아 드리려고.'

　예란이는 그런 승준이가 안쓰럽기도 하고 바보 같기도 합니다.

　"저, 할머니! 그 쪽지 좀 보여 주세요."

　예란이는 잠시 머뭇거리다가 할머니에게로 다가가 물었습니다.

　"어, 조예란. 네가 여긴 웬일이냐?"

　"너야말로 남의 동네에서 뭐 하냐?"

"아, 여기가 너희 동네구나. 하하, 이런 데서 다 만나네."

"아, 할머니, 109번지면 이쪽 아니고요, 건너편이에요. 이쪽으로 오세요. 야, 한승준. 짐 들고 이쪽으로 따라와."

"어? 응, 알겠어."

예란이와 승준이는 할머니 집을 겨우 찾아 드리고, 고맙다고 들어와서 과일이라도 먹고 가라는 할머니의 딸에게 괜찮다며 여러 번 사양한 후에야 발걸음을 돌립니다.

"이 바보야, 네가 사는 동네도 아니면서 못 찾겠으면 얼른 파출소로 가서 부탁해야지, 왜 그렇게 고생을 하고 있냐?"

"헤헤. 모르는 동네라 파출소가 어디 있는지도 모르겠더라고."

승준이는 이마의 땀을 닦으며 싱글벙글 웃습니다.

"근데 넌 어디 가는 길 아니었어?"

"참! 아이, 어떡해. 다들 기다리겠네."

예란이는 그제야 빵이 오기만을 기다리고 있을 오빠와 친구들 생각이 났습니다.

"누가? 뭘 기다리는데?"

"응? 어……, 아니야. 그럼 내일 보자!"

예란이는 승준이를 뒤로하고 빵집을 향해 전속력으로 달립니다.

사실 집으로 가서 같이 빵을 먹자고 할까 하는 생각이 잠깐 들었지만, 친구들이 어떤 눈으로 볼지 몰라 그만두기로 하였습니다.

'미동이 얘기가 아주 틀린 얘기는 아닌가 보네.'

예란이는 슬쩍 뒤를 한번 돌아보고는 다시 빵집으로 달립니다.

2 나는 해석한다, 고로 나는 존재한다

"야, 조예란! 너 뭐야! 식빵을 만들어 온 거야?"

"예란아, 오빠가 만들어 주는 빵이 싫으면 싫다고 말로 하지. 응?"

"네 식빵 기다리다가 우리는 수학 숙제 하나 벌써 끝냈다. 엥!"

예란이가 헐레벌떡 식빵을 사 들고 현관으로 들어서자 다들 기다렸다는 듯이 한마디씩 불평을 합니다.

"아, 미안, 미안! 식빵 사러 가는 길에…… 아니야, 오빠. 얼른 맛있는 토스트 만들어 주라. 배고파 돌아가시겠다!"

예란이와 효영이, 미동이는 오빠가 식빵에 계란 옷을 입혀서 버터를 바른 프라이팬 위에 올려놓는 것을 식탁에 앉아 턱을 받치고 바라봅니다. 고소한 냄새가 부엌 가득 퍼지고 세 아이들의 입 안에는 침이 가득 고입니다.

드디어 완성된 토스트가 접시 가득 담기고, 네 사람은 식탁에 둘러앉아 맛있게 먹습니다.

"와, 진짜 맛있다! 오빠는 아줌마 음식 솜씨를 그대로 닮았나 봐요. 아줌마가 해 주시는 궁중떡볶이도 진짜 맛있는데."

"다음엔 주말에 한번 와. 그럼 우리 엄마가 궁중떡볶이 해 주실 거야."

맛있게 토스트를 먹으며 이런저런 이야기를 하느라 네 사람은 시간 가는 줄을 모릅니다.

"그래서 결과는 언제 나오는 건데?"

아이들에게 오늘 있었던 학생 회장 후보 연설 이야기를 들은 오빠가 묻습니다.

"다음 주요. 어쨌든 예란이가 뭐 하나는 할 거예요. 그건 확실해요."

"야, 뭐 하나라니? 당연히 회장이 돼야지."

미동이와 효영이가 주거니 받거니 하며 이야기합니다.

"어머, 벌써 시간이 이렇게 됐네. 나 영어 선생님 오시는 날이야. 또 선생님보다 늦게 가면 엄마한테 끝장이야."

효영이가 장난스럽게 자기 목을 조르는 시늉을 하며 일어섭니다. 미동이도 아쉽다는 듯이 의자에서 엉덩이를 떼고 일어납니다.

"오빠, 안녕히 계세요! 예란아, 내일 봐!"

친구들이 가고 예란이는 오빠를 도와 식탁을 치운 뒤 숙제를 가지고 와서 다시 식탁 앞에 앉습니다. 오빠가 만들어 준 맛있는 매실차를 마시며 입가심을 하니 토스트의 느끼한 맛이 싹 내려가는 것 같습니다.

"오빠, 전에 오빠가 했던 말, 아니 가다머가 했다는 말 있잖아. 지평이라는 거. 그거 좀 더 얘기해 줘."

"응? 아, 그래. 사람들마다 모두 경험이 다르기 때문에 지평도 모두 다르다고 했지? 그래서 의견 차이가 생기는 거고."

"그래서 대화가 필요한 거고!"

"하하, 그렇지. 가다머가 해석학이라는 학문을 통해서 추구하는 것도 바로 대화하고 토론해서 서로의 의견 차이를 좁히는 것이 목적이었어. 해석한다는 것은 각자의 지평을 확대해서 지평을 융합한다는 뜻이야. 그래서 공통된 지평이 나타나는 상태를 '지평 융합'이라고 해. 이러한 상태에 이르면 우리는 의견 일치에 도달했다고 하지. 사람들이 살아가는 과정이 곧 해석하는 과정이고."

"음, '나는 해석한다, 고로 나는 존재한다.' 헤헤."

"오! 우리 예란이는 모르는 말이 없네. 원래 그 말은 데카르트라는 철학자가 한 말이지. '나는 생각한다, 고로 나는 존재한다' 가 원래 맞는 말이고."

"그럼 데카르트는 사람들이 존재하는 이유가 생각을 하는 데에 있다고 본 거네?"

예란이는 해야 할 숙제를 이미 잊은 채 오빠의 이야기에 푹 빠져 듭니다.

"그렇지. 데카르트는 모든 것을 의심하고 생각한 후에 확실한 것만을 믿어야 한다고 했어. 하지만 가다머는 그러한 생각에 비판적이었지. 전통이나 역사, 사람들의 경험 같은 것들이 언제나 확실한 것은 아니잖아? 그런데 데카르트처럼 생각하면 그런 것들은 모두 무시하게 되는 거니까 말이야. 이것이 바로 가다머의 해석학이야."

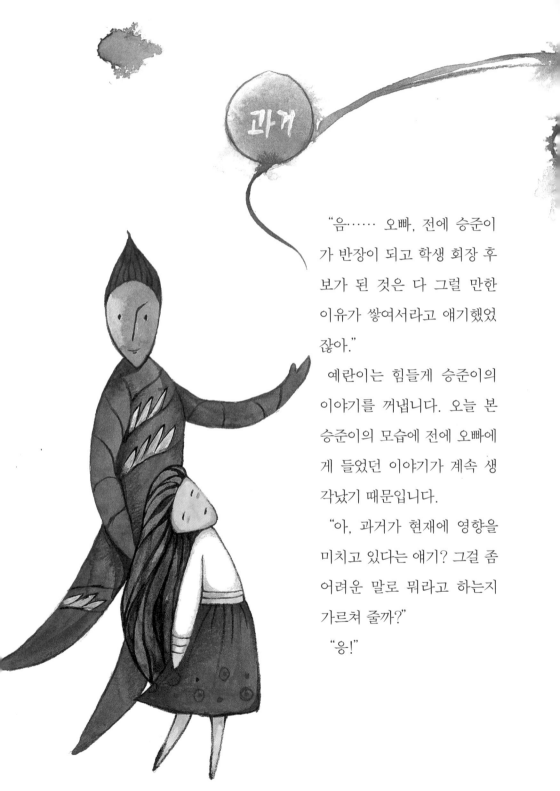

"음…… 오빠, 전에 승준이가 반장이 되고 학생 회장 후보가 된 것은 다 그럴 만한 이유가 쌓여서라고 얘기했었잖아."

예란이는 힘들게 승준이의 이야기를 꺼냅니다. 오늘 본 승준이의 모습에 전에 오빠에게 들었던 이야기가 계속 생각났기 때문입니다.

"아, 과거가 현재에 영향을 미치고 있다는 얘기? 그걸 좀 어려운 말로 뭐라고 하는지 가르쳐 줄까?"

"응!"

현재

미래

"영향사 의식."

"영향사 의식?"

"그래, 현재란 단순히 지금을 말하는 것이 아니고 과거에 의해 전해진 현재라는 거지. 다시 말해서 현재란 과거의 축적이라고 할 수 있어. 그런데 요즘 사람들은 과거를 돌아볼 여유도 없이 사니까 현재에만 집착을 해서 정신없이 앞만 바라보며 살아가잖아. 과거가 없는 현재와 미래란 없는 법인데 말이야."

예란이는 오빠의 말에 전적으로 공감한다는 뜻으로 크게 고개를 끄덕입니다. 그러자 눈치 빠른 오빠가 장난스럽게 가자미눈을 하고 예란이에게 묻습니다.

"혹시…… 승준이가 학생 회장 후보가 된 그럴듯한 이유라도 찾았니?"

"응? 아니, 뭐……."

예란이는 아직 오빠에게 승준이의 좋은 점을 보았다는 얘기를 하기는 싫었습니다. 자존심이 있지요. 승준이를 욕했던 게 엊그젠데. 하지만 예란이는 승준이에 대해 다시 생각해 보아야겠다고 다짐합니다. 과거가 없는 현재란 없는 법. 오늘 본 승준이의 모습들이 지금의 승준이를 있게 한 이유라면, 편견 없이 승준이를 인정하는 것이 옳은 일일 테니까요.

'아, 난 정말 어른스러워.'

이렇게 상대를 인정하고 나니 어찌나 마음이 후련한지 모릅니다.

'그동안 왜 그렇게 어린아이처럼 굴었을까?'

예란이는 자신이 17명의 아이들 이름을 칠판에 적던 일을 떠올리며 키득거립니다.

"예란아, 혼자 뭐가 그렇게 재미있는데? 오빠도 같이 웃으면 안 될까?"

익태 오빠가 궁금해 죽겠다는 듯이 예란이를 바라봅니다. 하지만 예란이는 대답 대신 그저 씨익 웃습니다.

"아이, 집중이 안 돼, 집중이. 방에 들어가서 숙제할래."

방으로 들어가 버리는 예란이를 오빠는 흐뭇하게 웃으며 바라봅니다. 어제보다 예란이의 키가 한 뼘쯤은 더 큰 것 같습니다.

3 하나가 되자!

눈앞의 광경을 보며 예란이는 잠시 할 말을 잃었습니다.

'내가 어제 너무 성급히 판단을 한 거야. 쯧쯧.'

승준이가 반의 거의 모든 남자 아이들과 함께 교실 뒤쪽에서 K-1 격투기를 흉내 내며 유치한 장난을 하는 것을 보고 예란이는 혀를 찹니다.

"야, 반장! 한승준! 안 들려? 지금 수업 준비 안 하고 뭐 하는 거야!"

"앗, 부반장 떴다! 얘들아, 분필을 사수하라!"

승준이가 장난스럽게 칠판 앞으로 튀어나가 분필들을 모아 가슴에 안습니다. 그 모습에 예란이는 그만 피식하고 웃음이 터집니다.

"어라? 조예란, 지금 웃은 거야? 얘들아, 오늘 해는 어느 쪽에 떴는지 확인해 보자!"

이번에는 승준이가 창문으로 다가가 장난스럽게 밖을 기웃거립니다.

"야, 한승준. 그만 해, 그만. 하여튼 유치하다니까."

이번에도 예란이가 웃으며 자리로 들어가 앉자 승준이는 머쓱한 표정으로 자기 자리로 돌아옵니다. 항상 소리를 지르고 무섭게 눈을 흘기던 예란이가 오늘따라 자신의 장난에 기분 좋게 웃고 넘어가니 괜히 이상하게 느껴집니다. 예란이도 학생 회장 후보가 되고부터 짜증이 많아지고 예민했었는데 이렇게 승준이가 가지고 있는 아이들과 가까워지는 방법들을 인정하고 나니 한결 마음이 편안해지고 표정도 부드러워집니다.

점심시간이 되자 남자 아이들은 일찌감치 밥을 먹고 축구를 하러 운동장으로 뛰어나갑니다. 예란이는 도시락 뚜껑을 닫는 둥 마는 둥 던져두고 운동장으로 뛰어나가려는 승준이를 잡아 세웁니다.

"왜, 왜? 빨리 말해, 빨리! 삼십 분밖에 안 남았단 말이야. 뭔데 그래? 왜?"

승준이가 안달 난 강아지처럼 시계를 바라보며 예란이를 재촉합니다.

"밥 먹고 그렇게 바로 뛰면 위에 안 좋아."

예란이가 새침하게 말합니다.

"그, 그 얘기 하려고? 알았어, 알았어. 살살 뛸게. 간다!"

"야, 잠깐! 아직 얘기 안 끝났어. 잠깐 복도에서 얘기 좀 해."

승준이는 울상이 되어 시계를 한 번 보고는 오늘 점심 축구는 포기했다는 듯이 예란이를 따라나섭니다.

"아침에 애들이랑 떠든 것 때문에? 아니면 수업 시간에 아이들 선동해서 선생님한테 오락 시간 갖자고 한 것 때문에? 그것도 아니면……, 아! 오늘 내가 수학 숙제 안 한 것 때문에 그래? 야, 그건 아까도 선생님께 말씀드렸지만 어제 내 남동생이 많이 아픈데 엄마, 아빠가 다 퇴근을 늦게 하셔서 내가 돌보느라고 못했던 거야. 물론! 네 말대로 반장인 내가 솔선수범하지 못하고……."

"푸훗. 야, 한승준. 너 혼자 독백하니?"

예란이가 본론을 꺼내기도 전에 술술 지은 죄를 고백하는 승준이가 예란이는 재미있으면서도 평소에 내가 저렇게 잔소리를 많이 했나 싶어 미안해지기도 합니다.

"승준아, 전에 네가 내가 가진 나쁜 선입견에 대해 이야기했었지? 네 말 인정해. 여자는 이렇고, 남자는 이래야 한다는 선입견이 너무 싫어서 나 역시 너무 한쪽으로 치우친 생각만 했던 것 같아. 모든 사람들이 여자라서 할 수 없는 일과 남자만 할 수 있는 일을 구분하면서 사는 건 아닌데, 내가 좀 예민했었던 것 같아. 너는 너 나름대로의 방식으로 아이들과 가까워지는 것일 테고, 아이들이 그런 너의 방식을 좋아한다면 그것 역시 아이들의 자유의사일 텐데 말이야. 어쨌든 그동안 너에 대해 오해했던 부분은 사과할게."

"……."

"야! 사람 무안하게 왜 말이 없어?"

승준이는 예란이의 이야기에 그저 멍하게 눈만 껌뻑일 뿐입니다.

"응? 어…… 글쎄. 네가 나를 오해했었는지는 몰랐는데…… 헤헤."

승준이는 예란이를 보며 기분 좋게 웃습니다. 정말 몰랐다는 건지, 알았어도 상관이 없다는 건지는 모르겠지만 기분 좋게 웃는 승준이를 보니 예란이도 피식 웃음이 나옵니다.

"난 네가 학생 회장이 되었으면 좋겠어."

뜬금없는 승준이의 말에 예란이의 눈이 동그래집니다.

"야, 한승준. 내 사과가 아무리 감동적이었다고 해도 학생 회장 자리를 내놓을 정도는 아닌데."

"하하, 그런 건 아니야. 사실 난 너만큼 공부를 잘하는 것도 아니고, 너만큼 규칙을 솔선수범해서 잘 지키지도 못하잖아. 그래서 너만큼 통솔력 있게 아이들을 이끌지도 못하고. 그러니까 회장으로는 네가 더 적합한 것 같아. 사실 반장인 나보다 부반장인 네가 더 학급의 중요한 일들에 열심이기도 하고. 지난번 강당에서 이야기했던 건 그냥 너 놀려 주려고 한 말이니까 심각하게 생각할 것 없어. 사실 내가 남자니까 힘도 더 세고, 그래서 여자보다 우월하다고 생각할 때도 많았거든. 하지만 너처럼 힘이 아닌 부드러운, 그 뭐냐? 그래, 카리스마! 아무튼, 부드러운 카리스마로도 충분히 힘을 발휘할 수 있다는 걸 알았지. 나는 그렇게는 못하겠지만……."

다시 승준이는 기분 좋게 웃으며 예란이를 바라봅니다.

"그래 뭐, 그렇게 말해 주니 고맙긴 한데, 네가 그렇게 생각해 준

다고 내가 회장이 될 수 있는 건 아니니까. 뭐, 난 너처럼 아이들
을 즐겁게 해 주는 재주가 있는 것도 아니고. 너랑 나랑 딱 반반씩

섞어 놓으면 좋겠는데 말이야. 헤헤. 아! 그래, 맞다! 그렇게 하면 되겠다."

"……."

예란이의 눈이 갑자기 반짝하고 빛납니다.

"그래, 지평 융합! 마음을 열고 대화를 하면 안 되는 게 없다니까!"

"……."

승준이는 여전히 무슨 소리를 하는 건지 모르겠다는 표정입니다. 예란이만 회심의 미소를 띠고 승준이를 바라봅니다.

복도 창문으로 보이는 파란 하늘에는 뭉게뭉게 하얀 구름들이 사이좋게 어디론가로 떠내려가며 소곤대고, 운동장에서는 축구를 하는 아이들이 무리 지어 공이 있는 곳으로 달려갑니다. 모두들 하나가 되어 더 행복해 보이는 풍경입니다.

가다머의 지평 융합

  예란인 지금까지 승준이에게 가졌던 자신의 생각들이 혹시 편견은
아니었나 반성하면서 오빠의 심부름을 가던 길에, 할머니의 짐을 들
고 집을 찾아 주고 있는 승준이의 모습을 발견하게 됩니다. 평소 장
난이 심하고 여자를 깔보는 아이로만 생각했는데, 할머니를 돕고 있
는 승준이의 모습은 지금까지 보아 온 모습과는 또 다른 모습이어서
충격이었습니다.

  예란인 자신보다 이웃을 배려하는 승준이가 더 학생 회장의 자격이
있다고 말합니다. 그리고 승준이는 똑똑하고 원칙을 솔선수범해서
잘 지키는 예란이가 학생 회장이 되어야 한다고 말합니다. 이렇게 해
서 예란이와 승준이는 서로에 대한 선입견을 없애고 서로 간의 갈등
을 해소합니다. 예란이와 승준이가 서로에 대한 선입견을 버린다는
것은 서로 간의 의견 차이를 좁힌다는 것을 의미합니다. 처음에는 학
생 회장의 자격에 대한 의견 차이가 컸었는데, 상대방을 이해하고 대
화를 하고부터는 의견 일치에 도달하게 됩니다. 가다머는 이러한 상

황을 '지평 융합'이라고 부릅니다. 즉, 다른 사람을 이해하지 못하고 자기만 생각하는 근시안적인 마음을 넓혀 다른 사람을 배려하고 이해하는 폭넓은 마음을 갖는 것을 뜻하는 것이지요.

그렇지만 의견 일치가 되는 것이 차이가 사라지고 획일적으로 하나가 되는 것이라고 오해해서는 안 됩니다. 가다머는 통일이라는 말을 싫어했습니다. 각자가 지닌 고유한 생각은 인정하되, 큰 테두리 안에서 서로 간의 의견 일치를 보는 것을 지평 융합이라고 한 것입니다.

예란이와 승준이의 학생 회장 선거 결과는 어떻게 나왔을까요? 결국 둘이 함께 공동 회장으로 선출되었습니다. 물론 여러분 중에는 이러한 선거 결과에 대해 불만을 가지는 사람도 있을 것입니다. 승준이가 되어야 한다, 예란이가 되어야 한다 등등 의견이 분분했으니까요. 때문에 승준이를 지지했던 아이들과 예란이를 지지했던 아이들 중에는 선거 결과를 인정하지 않으려고 하는 아이들이 상당수 있을 것입니다.

우리 사회는 아직도 서로의 차이를 인정하지 못하고 편견을 가진 채 그 편견을 고치기보다는 끝까지 고집하려는 사람들이 많습니다. 하지만 이러한 편견은 우물 안의 개구리처럼 우리 자신과 사회와 세상을 폭넓게 이해하는 데 방해가 됩니다. 따라서 편견을 버리고 자신의 이해 지평을 넓히기 위해서는 항상 '왜?'라는 질문을 할 줄 아는 비판적 정신이 필요합니다.

에필로그

"자, 이렇게 해서 우리 반에서만 머슴 둘이 나왔다! 하하하!"

선생님이 기분 좋게 웃으시며 교탁 앞에 있는 예란이와 승준이를 바라봅니다.

"누가 먼저 얘기할 거야? 예란이 먼저 할래?"

"네. 일단 학생 회장이 되어서 너무 기쁘고, 여러분을 위해서 열심히 일하는 학생 회장이 되겠습니다. 언제라도 학교에 건의할 사항이나 불편한 점이 있으시면 얘기해 주세요. 여러분을 대변해서 학생회에 건의하고, 반드시 실현되도록 노력하겠습니다. 감사합니다."

예란이가 똑 부러지게 이야기합니다.

"와! 조예란, 역시 멋져! 난 네가 될 줄 알았다니까!"

역시 예란이의 팬 요한이가 제일 기뻐하며 환호를 합니다.

"야, 이 배신자야! 나한테는 축하도 안 해 주더니. 아무튼 저도 학생 회장이 되어서 기쁩니다. 게다가 똑똑하고 성실한 예란이와 같이 회장이 되어서 더욱 기쁩니다. 예란이와 힘을 합쳐 봄, 여름, 가을, 겨울 네

번 소풍 가는 것을 반드시 추진하도록 하겠습니다! 하하하!"

승준이의 이야기가 끝나자 몇몇 남자 아이들은 열렬하게 환호를 보냅니다. 그리고 예란이는 따가운 시선으로 승준이를 쏘아봅니다.

"자, 자, 벌써부터 두 회장의 생각이 이렇게 달라서야 되겠어? 옛말에 사공이 많으면 배가 산으로 간다는 말이 있지만, 너희 두 사람이 서로의 장점만 잘 살려서 훌륭하게 일 년 동안 학교를 꾸려 나가길 바란다. 자, 그럼 두 회장에게 모두 박수!"

어떻게 된 일이냐고요? 똑똑하고 야무진 예란이가 생각해 낸 원원 전략이라고나 할까요? 원원 전략이 뭐냐고요? 서로 좋은 점들이 만나 더 좋은 것들을 만들어 내는 것이 바로 원원 전략입니다.

더 구체적으로 알고 싶으시다고요? 쉿, 그건 예란이와 승준이만의 전략이라 절대 비밀입니다. 그래도 궁금하시면 으뜸초등학교에 가 보세요. 거기에 가면 규칙쟁이 회장 예란이와 장난꾸러기 회장 승준이가 시끌벅적 재미난 이야기들을 들려줄 거랍니다. 그럼 그곳에서 만나요!

통합형 논술
활용노트

01 '남자니까 회장이 되어야 하고, 여자니까 부회장이 되어야 한다.' 여러분은 이러한 생각이 편견이라고 생각하나요? 그렇다면 이러한 편견은 왜 일어날까요? 친구들과 토론을 해 보고 그 원인을 생각해 보세요.

02 여자에 대한 편견이 보이는 속담을 찾아보고, 그 속담이 어떤 점에서 편견인지에 대해 적어 봅시다.

03 가다머는 선입견이 반드시 나쁜 것만은 아니라고 주장하였습니다. 그렇다면 좋은 선입견과 나쁜 선입견에는 어떤 것들이 있는지 알아보고, 그것들을 구별하는 기준은 무엇인지 서술하세요.

04 가다머는 나쁜 선입견을 버리기 위해서는 비판적 이성이 필요하다고 했습니다. 비판적 이성이 무엇인지에 대해 설명하고, 비판적 이성을 갖기 위해서는 어떤 노력이 필요할지에 대해 적어 보세요.

05 친구들과 대화를 할 때, 잘 되는 때는 언제이고 잘 안 되는 때는 언제인지 생각해 보고, 바람직한 대화의 자세에 대해 여러분의 생각을 서술하세요.

06 이 책의 주인공 예란이는 규칙쟁이라고 알려져 있습니다. 때문에 아이들의 불만도 많았는데, '예외 없이 규칙을 지켜야 한다'는 예란이의 태도에 대해 여러분은 어떻게 생각하나요?

07 예란이와 승준이의 학생 회장 후보 연설의 쟁점이 무엇인지 책 속에서 찾아보고, 그에 대한 여러분의 생각을 논술하세요.

08 가다머는 해석학의 목적이 지평 융합에 있다고 보았습니다. 지평 융합이란 무엇인지 설명하고, 지평 융합을 이루기 위해서는 어떤 노력이 필요한지 생각해 보세요.

09 여러분 주변에서 흔히 경험할 수 있는 편견의 예를 찾아보고, 그것을 극복하기 위한 방안을 생각해 보세요.

10 예란이와 승준이는 결국 공동으로 학생 회장이 됩니다. 이러한 경쟁의 결과를 평가해 보고 바람직한 경쟁에 대한 여러분의 생각을 서술하세요.

통합형 논술
문제풀이

01 저는 편견이라고 생각합니다. 편견이란 나의 주장만을 내세우고 상대방의 주장은 무조건 무시하는 이기적인 태도입니다. 또, 정당한 근거 없이 사람들이 하는 말을 그대로 믿는 것도 편견입니다. 남자냐 여자냐를 회장의 자격으로 두는 것은 근거가 없습니다. 물론 남자이면서도 회장으로서의 능력이 충분하기 때문에 회장이 되어야 한다는 것은 근거가 있는 주장이지만 남자는 강하니까 회장이 되어야 하고, 여자는 약하니까 부회장이 되어야 한다는 것은 편견에 지나지 않습니다. 이러한 편견이 발생하는 이유는 사람들이 하는 말을 맹목적으로 받아들이는 우리들의 태도에 있다고 생각합니다. 제 주위에도 이러한 편견을 갖는 친구들이 꽤 많이 있는데, 이런 친구들은 마음이 넓지 못하고 다른 친구들을 이해하려고도 하지 않습니다. 깊이 있는 생각을 하는 것도 꺼려합니다. 그러한 주장이 어떤 근거를 갖는지에 대해 한 번쯤은 생각해 보아야 할 텐데 그렇게 하지 않습니다. 무엇보다 단순한 것에 익숙해진 사람들의 태도가 편견이 발생하는 가장 중요한 이유라고 생각합니다.

02 우리나라는 전통적으로 유교적인 사회이기 때문에 여자에 대한 편견이 담긴 속담들이 많이 있습니다. 저는 어른들로부터 그러한 속담을 자주 듣습니다. 그럴 때면 괜히 기분이 좋지 않습니다. 어른들은 여자를 무시할 때 그러한 속담들을 사용하기 때문입니다. '암탉이 울면 집안이 망한다', '여자 셋이 모이면 접시가 깨진다' 등이 그러한 속담의 대표적인 예입니다. '암탉이 울면 집안이 망한다'는 속담은 여자가 크게 떠들거나 남편의 일에 간섭하면 집안이 망한다는 뜻으로, 남자가 하는 일에 간섭하지 말라는 뜻을 담고 있습니다. 암탉의 울음엔 나쁜 뜻만이 아니라 달걀을 낳는 것과 같은 생산적인 뜻이 담겨 있기도 하는데 말이지요. 또, '여자 셋이 모이면 접시가 깨진다'는 속설은 여자들이 모이면 수다를 떨거나 소란스럽다는 뜻입니다. 그렇지만 여자들이 모여 서로 토론을 함으로써 보다 나은 일을 할 수도 있습니다. 때문에 긍정적인 측면을 생각하지 않은 채 부정적인 측면만을 강조하고 있는 이러한 속담이나 속설들은 편견이라고 생각합니다.

03 선입견에는 좋은 선입견과 나쁜 선입견이 있습니다. 남자를 여자보다 더 중요하게 여기는 것은 나쁜 선입견입니다. 그것은 비판이나 반성 없이 오랫동안 사람들을 통해 전해 내려온 인습이기 때문입니다. 그러나 우리의 전통 중에 오늘날까지 의미 있는 것들도 있습니다. 예를 들면 효의 전통을 들 수 있습니다. 간혹 핵가족화된 사회에서 효는 가치가 없다고 생각하는 사람들도 있습니다만, 효는 오늘날 버려야 할 나쁜 선입견이 아니라 되살리고 전승해야 할 좋은 선입견이라고 생각합니다. 왜냐하면 시대가 변해도 우리가 지켜야 할 인간의 근본 도리이기 때문입니다. 따라서 좋은 선입견과 나쁜 선입견을 구별하는 기준은 비판이나 반성에 의해 새롭게 해석될 수 있느냐 없느냐에 따라 다릅니다.

04 인간은 생각하는 동물입니다. 인간이 동물과 다른 점 중에 하나는 이성적인 능력입니다. 이성이란 옳은 것과 그른 것을 판단할 수 있는 능력입니다. 가다머는 비판적 이성에 의해 나쁜 선입견을 극복할 수 있다고 주장합니다. 비판적 이성이란 어떤 주장에 대한 정당한 근거와 이유를 찾기 위해 생각하는 능력을 말합니다. 나쁜 선입견에 빠진 사람들은 이러한 능력을 키우지 못하는 사람들입니다. 때문에 비판적 이성을 갖기 위해서는 다른 사람들의 생각이나 행동을 무조건 따라 하는 태도에서 벗어나야 합니다. 평소 당연하다고 생각했던 것에도 왜 그런지 이유를 따져 보는 습관이 필요합니다. 이러한 능력을 갖는다면 참된 권위와 맹목적인 복종을 구별할 수 있습니다. 복종은 힘에 의해 끌려가는 것이지만, 권위는 자발적인 참여에 의해 생겨납니다. 때문에 자율적이고 창조적인 생각과 태도가 필요합니다.

05 가다머는 서로 다른 의견의 차이를 좁혀 편견을 극복할 수 있는 방법으로 대화를 강조했습니다. 대화는 한 편이 다른 편에게 일방적으로 말하기만 하거나 듣기만 하는 것이 아닙니다. 자기주장의 잘못도 인정하면서 상대방 주장의 올

바른 점도 인정해야 합니다. 그런데 간혹 친구들과 대화를 하다 보면 자기 얘기만 일방적으로 늘어놓으면서 다른 사람의 얘기는 들어주지 않는 경우가 있습니다. 이럴 때는 대화가 잘 이루어지지 않습니다. 그렇지만 상대방의 얘기를 충분하게 들어주고 나쁜 점을 지적해 주며 자기 생각의 문제점도 인정할 때에는 대화가 쉽게 잘 이루어집니다. 때문에 서로 다른 점과 차이를 인정하고 상대방의 의견을 존중하는 것이 바람직한 대화의 자세라고 생각합니다. 특히 아버지나 어른들과 대화를 나누다 보면 '아직 어린애가' 하면서 어린이들의 의견을 무시한 채 일방적인 훈계로 나아가는 경우가 종종 있는데, 바람직한 대화는 상대방의 신뢰와 배려로 인해 가능한 것입니다.

에 이러한 규칙을 무리하게 현실에 적용시키려 한다면 부작용이 뒤따를 것입니다. 자칫하면 규칙 자체가 폭력이 될 수도 있습니다. 특히 규칙이 정당하지 못할 경우엔 더더욱 그렇습니다. 맹목적인 복종을 강요하고 자발적인 준수를 이끌어 낼 수 없기 때문입니다. 물론 원칙이 없는 사회는 많은 혼란을 초래할 것입니다. 예외를 인정하기 시작하면 원래의 규칙이 무너질 수도 있으니까요. 예란이의 규칙주의가 효과를 보기 위해서는 하나의 규칙을 만들 때에도 구성원 모두의 충분한 합의가 있어야 하고, 구성원들 사이에 자발적으로 그 규칙을 준수하려는 의지가 있어야 합니다. 자신에게 유리할 때에는 지키고 불리할 때에는 지키지 않는다면, 결국 그 규칙은 무너지고 말 것입니다.

06 저는 예란이의 태도에도 문제가 있다고 생각합니다. '예외 없는 규칙이란 없다'는 말도 있듯이, 실제로 예외 없이 규칙을 지키기란 어렵습니다. 현실에는 늘 예외적인 상황이 발생하기 때문

07 후보 연설의 쟁점은 나쁜 선입견에 관한 것입니다. 나쁜 선입견이란 비판이나 반성 없이 받아들인 생각을 말합니다. 예란이는 남자 후보는 회장이 되고 여자 후보는 부회장이 되는 관습은

나쁜 선입견이라고 말합니다. 이에 대해 승준이도 학생 회장은 그럴 만한 자질이 있어서 된 건데, 남자여서 당선되었다고 하는 것은 나쁜 선입견이라고 말합니다. 저는 예란이와 승준이의 주장이 모두 타당하다고 생각합니다. 학생 회장의 기준을 남자와 여자로 보는 것은 우리 사회에 널리 퍼져 있는 여성 차별의 예라 할 수 있고, 그 이유를 생각해 보지도 않고 무조건 남자이기 때문에 회장이 되었다고 하는 것도 바람직하지 못한 시각입니다. 남자, 여자를 떠나서 학생들을 이끌 수 있는 지도자의 능력, 인간성, 대인 관계 등이 학생 회장의 선택 기준이 되어야 할 것입니다.

08 지평 융합이란 서로 다른 의견의 차이를 좁혀 의견 일치에 도달하는 과정을 의미합니다. 예란이는 처음에 승준이에 대한 편견이 있었지만, 승준이의 다른 모습을 보고 편견을 버리게 됩니다. 승준이도 여자에 대한 편견을 버리고 예란이의 능력을 인정하게 됩니다. 마침내 대화를 통해서 두 사람은 학생 회장의 조건

에 대한 의견 일치에 도달하게 됩니다. 그렇지만 우리 주변에는 이러한 지평 융합을 찾기가 쉽지 않습니다. 우리 사회에 널리 퍼져 있는 개인 이기주의, 집단 이기주의, 지역 이기주의는 지평 융합을 가로막는 대표적인 것으로, 좀 더 넓은 안목을 갖지 못하고 눈앞의 이익만을 추구하기 때문에 발생하는 것들입니다. 때문에 지평 융합이 가능하기 위해서는 자신과 다른 차이를 인정해야 하고, 비판적 이성이 있어야 합니다. 또, 나 개인의 이익만 따질 것이 아니라 전체의 이익을 먼저 생각하는 공동체적 의식도 필요합니다.

09 우리 주변에는 책에 소개된 여자에 대한 편견뿐만이 아니라 왼손잡이에 대한 편견, 장애인에 대한 편견 등도 있습니다. 집안일은 무조건 여자만 해야 된다거나 제사 때 여자는 절을 하지 않는다는 것은 우리가 어렸을 때부터 아무런 생각 없이 받아들인 편견입니다. 또, 많은 사람들이 오른손잡이이기 때문에 소수인 왼손잡이에 대한 편견이 있습니다. 이런

것들이 다 자신과 다른 차이를 인정하지 못하기 때문에 발생하는 것입니다. 장애인에 대한 편견도 마찬가지입니다. 같은 인간으로 보기보다는 정상인과 비정상인이라는 구별 짓기를 통해 장애인을 보기 때문에 발생하는 편견입니다. 이러한 편견을 극복하기 위해서는 우리 자신의 생각부터 바꾸어야 합니다. 대화와 토론을 통해 좁은 이해 지평을 넓혀야 합니다. 집안일도 이제는 여자만 해야 하는 일이 아니라 가족회의를 통해서 할 수 있는 일은 구성원들 모두가 같이 하는 일이 되어야 합니다. 왼손잡이도 무조건 오른손잡이로 바뀌어야 한다는 생각에서 벗어나야 합니다. 왼손잡이가 오른손잡이보다 뛰어난 점도 있기 때문에 그러한 장점을 충분히 계발하는 태도가 필요합니다. 스티븐 호킹 박사처럼 장애인이지만 정상인보다 훨씬 뛰어난 업적을 남긴 사람도 있습니다. 때문에 장애인 역시 겉모습은 달라도 인권을 가진 평등한 존재라는 점을 생각해야 할 것입니다.

10 경쟁에는 승리자와 패배자가 있기 마련입니다. 승리자는 기쁘고 즐겁겠지만, 패배자는 마음의 상처를 입을 것입니다. 때문에 승리자와 패배자 사이에는 갈등과 반복이 생길 수도 있는데, 이것은 경쟁의 목적이 이기는 데 있다는 우리들의 일반적인 생각에서 비롯된 것입니다. 그런데 예란이와 승준이의 경우는 어느 편이 일방적으로 패배하지 않고 양편 모두 승리자가 됨으로써 패배의 상처를 겪지 않습니다. 이러한 결과는 경쟁의 목적이 이기는 데만 있지 않았기 때문에 가능했다고 생각합니다. 학생 회장이란 목적에 대해 충분한 의견 일치가 이루어졌기 때문에 두 후보는 회장 자리가 아니라 바람직한 회장의 역할을 더욱 중요하게 생각했던 것입니다. 이처럼 경쟁자들 간에 충분한 지평 융합이 이루어지고 공정한 절차를 통한 경쟁을 하는 것이 바람직하다고 생각합니다. 특히 주제에서 벗어나 인신공격을 한다거나 개인적인 욕심만을 내세운다면 올바른 경쟁을 할 수 없을 것입니다.